À SOMBRA DO MESTRE!

Editora Appris Ltda.
1.ª Edição - Copyright© 2022 do autor
Direitos de Edição Reservados à Editora Appris Ltda.

Nenhuma parte desta obra poderá ser utilizada indevidamente, sem estar de acordo com a Lei nº 9.610/98. Se incorreções forem encontradas, serão de exclusiva responsabilidade de seus organizadores. Foi realizado o Depósito Legal na Fundação Biblioteca Nacional, de acordo com as Leis nos 10.994, de 14/12/2004, e 12.192, de 14/01/2010.

Catalogação na Fonte
Elaborado por: Josefina A. S. Guedes
Bibliotecária CRB 9/870

	Oliveira, Henrique
O482s	À sombra do mestre! / Henrique Oliveira. - 1. ed. - Curitiba : Appris, 2022.
2022	99 p. ; 21 cm.
	Inclui bibliografia.
	ISBN 978-65-250-3131-6
	1. Literatura religiosa. 2. Jesus Cristo. 3. Judas Iscariotes. I. Título.
	CDD – 869.8

Livro de acordo com a normalização técnica da ABNT

Appris
editora

Editora e Livraria Appris Ltda.
Av. Manoel Ribas, 2265 – Mercês
Curitiba/PR – CEP: 80810-002
Tel. (41) 3156 - 4731
www.editoraappris.com.br

Printed in Brazil
Impresso no Brasil

Henrique Oliveira

À SOMBRA DO MESTRE!

FICHA TÉCNICA

EDITORIAL	Augusto V. de A. Coelho
	Marli Caetano
	Sara C. de Andrade Coelho
COMITÊ EDITORIAL	Andréa Barbosa Gouveia (UFPR)
	Jacques de Lima Ferreira (UP)
	Marilda Aparecida Behrens (PUCPR)
	Ana El Achkar (UNIVERSO/RJ)
	Conrado Moreira Mendes (PUC-MG)
	Eliete Correia dos Santos (UEPB)
	Fabiano Santos (UERJ/IESP)
	Francinete Fernandes de Sousa (UEPB)
	Francisco Carlos Duarte (PUCPR)
	Francisco de Assis (Fiam-Faam, SP, Brasil)
	Juliana Reichert Assunção Tonelli (UEL)
	Maria Aparecida Barbosa (USP)
	Maria Helena Zamora (PUC-Rio)
	Maria Margarida de Andrade (Umack)
	Roque Ismael da Costa Güllich (UFFS)
	Toni Reis (UFPR)
	Valdŏmiro de Oliveira (UFPR)
	Valério Brusamolin (IFPR)
SUPERVISOR DE PRODUÇÃO	Renata Cristina Lopes Miccelli
ASSESSORIA EDITORIAL	Renata Miccelli
REVISÃO	Camila Dias Manoel
PRODUÇÃO EDITORIAL	Isabela Calegari
DIAGRAMAÇÃO	Bruno Ferreira Nascimento
REVISÃO DE PROVA	Bianca Silva Semeguini
CAPA	Eneo Lage
COMUNICAÇÃO	Carlos Eduardo Pereira
	Karla Pipolo Olegário
	Kananda Maria Costa Ferreira
	Cristiane Santos Gomes
LANÇAMENTOS E EVENTOS	Sara B. Santos Ribeiro Alves
LIVRARIAS	Estevão Misael
	Mateus Mariano Bandeira
GERÊNCIA DE FINANÇAS	Selma Maria Fernandes do Valle

AGRADECIMENTOS

É difícil, bem difícil, começar a seção de agradecimentos sem pensar em Deus, o Pai Celestial, Jesus de Nazaré e todos os apóstolos! Muito obrigado por tudo!

É claro, também, que o caminho para finalizar este projeto não foi nada fácil. Não caiu do céu! Tenho essa ideia há muitos e muitos anos. E nesse caminho três pessoas foram essenciais para que este livro estivesse em suas mãos neste momento: Daisy, minha luz de todo o sempre! Gustavo, meu filho leitor e escritor, que me ajudou a descrever esse sonho. E Aragol, mestre e mentor querido, que trouxe a realidade ao meu sonho.

Aos familiares, amigos e conhecidos mil que sempre me questionaram a respeito dessa ideia e foram celeiros férteis para aprimorar essa história, minha admiração e respeito.

Gratidão eterna, também, ao meu estimado amigo Wuesley Godoy, professor e empresário atarefadíssimo, que não pestanejou em fazer o prefácio desta minha primeira obra.

A todos, meu mais robusto OBRIGADO!
OBRIGADO! OBRIGADO!

PREFÁCIO

Queridos amigos, queridas amigas, leitores e leitoras que chegaram a este livro. É maravilhoso poder relatar minha experiência com esta obra didática, extremamente fascinante e até revolucionária, pode-se dizer.

Mas, antes, devo falar como conheci este meu amigão do peito, que considero mais que um irmão: Henrique Oliveira. Quase dentista. Advogado por formação. Empresário por oportunidade. Cara de pau por natureza! Quantas e quantas histórias regadas a muitas gargalhadas vivemos juntos desde quando fui contratado para ser professor universitário na Anhanguera de São João da Boa Vista, onde ele e sua esposa, Daisy, eram diretores e donos da franquia, no longínquo ano de 2011. Faz tempo, hein!

Benção de Deus conhecê-los e poder ser migrado a amigo de fato e de direito dos dois. Mas vamos à obra, em si. Ao livro que nos remete a mais longe ainda, aos tempos de Jesus de Nazaré na Judeia.

Confesso que sempre tive dúvidas sobre a vida de Cristo e o que está escrito na Bíblia. Nunca duvidei da existência de Jesus, não é isso. Mas sempre me perguntei se tudo que está escrito e descrito na Bíblia seria verdade mesmo.

E com este livro o Henrique faz exatamente o oposto: ele instiga a gente a pensar e imaginar algo que não está na Bíblia, mas, com a mais absoluta certeza, poderia estar. Na minha cabeça, são diálogos reais, pois o autor coloca-nos lá, naquele Monte das Oliveiras, onde os apóstolos estão escondidos, com medo, sem saber o que fazer de verdade. Cheguei a sentir o cheiro das folhas pisoteadas e o frescor daquela noite de lua cheia.

O título, então, do livro, mais que real: *À Sombra do Mestre!* Era exatamente assim que eles estavam. Perdidos e sem saber para onde ir, pois sempre ficavam obedientes à palavra do Líder. Jesus era tudo para aquele grupo. E agora: o que fazer, depois da prisão? Será Judas mesmo traidor? João era o conciliador daquele grupo e o mais experiente?

Tentando responder a essas e outras perguntas é que o enredo deste livro maravilhoso segue. Uma visão renovada da história talvez mais famosa de todos os tempos.

Um primor. Uma obra-prima. E, com certeza, espero mais e mais livros desse meu amigo incrível. Que muitas e muitas pessoas possam se juntar a nós como leitores ávidos para esta e para novas histórias que virão.

Wuesley Godoy
Professor universitário e empresário

SUMÁRIO

CAPÍTULO 1 11

CAPÍTULO 2 25

CAPÍTULO 3 43

CAPÍTULO 4 56

CAPÍTULO 5 62

CAPÍTULO 6 66

CAPÍTULO 7 69

CAPÍTULO 8 84

CAPÍTULO 9 94

CAPÍTULO 1

O clima continuava tenso naquela noite. Somente a lua quase cheia reinava serena sobre o monte. Homens preocupados perambulavam por entre árvores, pisoteando folhas de oliveiras caídas pelo chão. Tudo parecia mudado.

O monte era, naquele momento, o lugar mais seguro para aqueles homens. Eles estavam com medo. Escondidos. O lugar era distante do centro da cidade. Tinha muitas árvores antigas, com troncos fortes e grossos. As oliveiras não eram árvores muito altas, no entanto suas folhas fechavam bem o ambiente. Dos seus frutos extraiam o azeite, muito usado naquela época.

Mas, com certeza, aqueles homens não estavam ali para a colheita dos frutos daquelas árvores. Estavam, sim, escondendo-se. Protegendo-se mutuamente. E agora era mais prudente todos estarem ali. Juntos.

A feição daqueles cidadãos estava transtornada, modificada por algo extremamente grave acontecido minutos atrás.

Apavorado num canto, lá estava um homem de barba rala, rosto arredondado, cabelos curtos e castanhos, tal qual a cor dos seus olhos. Olhar distante, sofrido. Testa enrugada, em sinal de preocupação. Caminhava de um lado para outro sem parar. Suas sandálias de couro entrelaçadas destruíam folhas e mais folhas pelo chão seco e árido. Pedro era o seu nome.

Embaixo de uma oliveira, sentado e encostado em seu tronco, estava Felipe. Um belo rapaz, magro, moreno, olhos e cabelos castanhos, caídos pelo ombro afora. De rosto delicado e pouca barba, lá estava ele, triste e solitário. Sua cabeça sustentada pelas mãos frias e grossas. Os cotovelos encostados nas pernas totalmente dobradas. Uma tristeza enorme parecia invadir-lhe a alma.

Angustiado, Pedro bradou:

— Felipe, levanta-te!

Apavorado, ele quis se levantar, mas não teve forças. Ante o grito assustador de Pedro, Felipe ficou imobilizado, sem nada a dizer. Pedro continuou:

— Vamos, levanta-te. Faz alguma coisa. Não fica aí distante. Parado. Até parece que não sofres com o que acabou de acontecer.

Do outro lado do monte, Mateus, um jovem extremamente educado, de cabelos cacheados, compridos e castanhos, rosto bem fino e olhos castanhos, veio em defesa de seu amigo Felipe:

— Cuidado com o que dizes, Pedro. Todos nós estamos tristes e preocupados. Incluindo Felipe. Olha bem para ele!

Pedro, porém, retrucou:

— Se estás tão preocupado como tu defendes, por que, então, ficas quieto, sentado, sem nada fazer?

— E tu? Fazes alguma coisa? — disse Mateus.

— Sim. Estou pensando em que posso ajudar.

João, o mais calmo entre todos, tomou a palavra:

— Meus irmãos, acalmai-vos. O que aconteceu está acontecido. Não podemos mudar. Não vai ser com discussões e contratempos que resolveremos esse problema. Nós precisamos nos acalmar e esperar. Ele sabe o que faz!

Entre todos reunidos ali naquele monte, João era o mais jovem. E, talvez, o mais bonito. Era alto. Magro, porém forte. Seus olhos azuis brilhavam mais do que todos os outros. Seu olhar era expressivo. Tinha um rosto bem diferente dos outros ali reunidos. Seus cabelos louros e curtos eram leves feito a pluma. Seu semblante sereno e calmo transmitia uma paz verdadeira. Uma mágica realidade.

Pedro não se continha. Estava irritadíssimo. Não parava de andar de um lado para outro. Sua cara fechada, seu rosto transtornado, fazia dele o homem mais nervoso daquele grupo.

— Nós não podemos ficar aqui esperando — bradava.

Seu tom de voz ia se elevando, e suas mãos seguiam o ritmo frenético de suas palavras.

— Temos de agir!

— Agir como? — perguntou Mateus.

Pedro respondeu:

— Não sei.

João, então, interveio:

— Nós não sabemos agir porque não temos iniciativa própria. Nós não sabemos decidir. Não fomos ensinados a ter opinião.

Pedro contestou, gritando:

— Isto que tu dizes é mentira!

João, porém, respondeu em alto e bom som:

— Não é mentira, Pedro. Tu é que não queres ver. Nós só soubemos andar à sombra do Mestre! Largamos tudo para segui-Lo. Apenas segui-Lo. Nada além disso. Trilhar o mesmo caminho. A mesma história. Sempre atrás de Sua sombra.

Todos olhavam atentamente para João. Pareciam compreender que tudo aquilo que ele dizia era verdade. A mais pura e dolorosa verdade. E assim continuou João:

— E, agora que o Mestre não mais está aqui, ficamos perdidos. Assustados. Sem saber o que fazer. Sem saber que caminho seguir. Sem saber que decisão tomar.

Num sobressalto, Felipe levantou-se:

— João tem razão. Nós não somos homens dignos de fé. Nada fizemos para impedir que o Mestre fosse preso.

Pedro, de pronto, interrompeu:

— Foi Ele quem não nos deixou agir. Vós vistes. Eu cheguei a atacar um deles.

— Mas eles eram muitos. Nós não conseguiríamos de maneira alguma vencê-los — disse Bartolomeu.

Bartolomeu era outro jovem do grupo. Moreno alto, forte, cabelos negros, compridos e barba bem grossa. Olhos arregalados e castanhos. Falava muito pouco. Estritamente o necessário. Vivia sempre contemplando a natureza. Era muito feliz por fazer parte daquele grupo, mas, naquele momento, a tristeza também lhe invadia a alma.

A discussão, no entanto, ganhou vulto.

— Nós poderíamos vencê-los, sim. Vós é que não me ajudastes — Pedro acrescentou.

João retomou a oratória:

— Bastou uma palavra do Mestre para que nós parássemos diante deles. Outra vez ficamos à Sua sombra!

Pedro não se conteve e gritou:

— Covardes! Vós sois covardes, isso sim. Tivestes medo de enfrentar o perigo e de lutar.

Felipe contradisse:

— Não tivemos medo. Tivemos obediência.

— E de que adiantou essa obediência — bradou Pedro —, se agora estamos sem o Mestre?

— Foi decisão d'Ele, e não nossa, ser levado preso — Bartolomeu respondeu.

Pedro gritou, resignado:

— E vós não fizestes nada. Covardes!

— Tu também és um covarde, Pedro. Não te esquece disso — falou Mateus. — Tu atacaste um, mais ninguém. O Mestre está preso por vossa culpa também.

João interveio:

— O Mestre está preso por única e espontânea vontade. Nós não somos culpados por isso.

Pedro retrucou, sorrindo ironicamente:

— E desde quando alguém sente vontade de ficar preso?

João calou-se, movimentou levemente a cabeça, caracterizando, assim, um gesto negativo, e não mais discutiu com o rebelde Pedro naquele momento. Afastou-se um pouco e caminhou em direção a outro jovem, que tudo ouvia, mas nada dizia. Era seu irmão Tiago.

Tiago, filho de Zebedeu, era um jovem simpático. Moreno. Olhos castanhos, bem diferentes dos olhos de João. Cabelos castanhos claros e barba bem fina. Rosto bem fino. De temperamento um pouco explosivo, não gostava muito de falar. Porém, quando começava...

Do seu lado, um pouco mais à esquerda, encontrava-se o outro Tiago do grupo. Era Tiago de Alfeu. Um homem forte, alto, cabelos negros e olhos castanhos. Um rosto arredondado com uma vasta cicatriz abaixo do olho esquerdo. Seu semblante aparentava claramente a preocupação com toda aquela discussão. Atordoado, ele gritou:

— O Mestre está preso! Nós devemos fazer alguma coisa!

Pedro concordou:

— Isto mesmo! Vamos atrás deles!

Mateus contestou:

— Mas eles são muitos. E nós apenas onze!

Bartolomeu interveio:

— Não seria melhor se esperássemos um pouco? O Mestre não está conosco.

Tiago de Alfeu não conteve suas palavras:

— Esperar. Esperar. Será que é só isso que sabemos fazer? João tem razão. Nós não podemos ficar à sombra do Mestre!

— Mas o que poderíamos fazer? — indagou Felipe.

Pedro gritou outra vez:

— Lutar. Desembainharmos as nossas espadas e irmos à luta.

João novamente se pronunciou. Sua tranquilidade tentou acalmar a discussão do grupo:

— O Mestre não quer violência, meus irmãos. Nunca quis.

Essas palavras de João saem como plumas de sua boca. A serenidade desse jovem é imperturbável. Calmamente, ele continuou:

— A violência gera violência. Foi o Mestre quem nos ensinou. Lembram-se daquele episódio na frente do Templo, onde Ele expulsou os vendedores?

Pedro, então, indagou:

— Nós estávamos lá! Vimos como Ele ficou nervoso! Ele xingou todos, bateu com um cajado nas mesas espalhadas pela frente do Templo. Não te lembras desse detalhe?

João voltou seus olhos para Pedro e disse:

— Pois é justamente à atitude d'Ele naquele dia que eu estou me referindo. Ele usou palavras fortes, bateu na mesa para chamar a atenção de todos. Para que todos ouvissem Suas palavras e as colocassem em prática. Não houve violência.

Bartolomeu continuou:

— Bastou um grito do Mestre para que todos os vendedores fossem embora.

João complementou:

— Lembras, Pedro, o que Ele nos disse depois daquele episódio?

Por mais um momento o silêncio se fez reinar naquele monte.

Somente João e Pedro ouviram o que o Mestre havia falado. Agora os outros nove estavam prestes a ouvir um novo segredo. João relatou a todos:

— Esta nossa vida não deve ser pautada na violência. Tampouco na enganação dos nossos irmãos. Precisamos, primeiro, livrar nosso corpo da mentira. Da traição. Ser árduo e forte nas palavras não significa violência. Muitas vezes significa aprendizado e ensinamento.

Todos silenciaram, mas, de repente, Mateus argumentou:

— Mas nós não devemos deixar o Mestre sozinho. Não seremos violentos por isso.

Felipe pondera:

— Nós não podemos ficar lá. Os guardas não nos deixarão entrar.

André, irmão de Pedro, era um jovem alto, ao contrário do irmão. Tinha um rosto bem torneado, olhos castanhos e cabelos longos, também castanhos. De comportamento oposto ao de Pedro, André era muito calmo e tranquilo. Paciencioso, determinado e solidário, era ele quem cuidava dos irmãos apóstolos, que, raramente, se adoentavam. Disse ele:

— O melhor que temos a fazer, meus irmãos, é esperar!

Pedro não se conformou:

— Até mesmo tu, meu irmão de sangue e de carne, não compreendes que o Mestre está preso? Não podemos deixá-Lo só!

André respondeu:

— Eu sei que Ele está preso, mas nós não podemos fazer nada!

Tiago de Alfeu saiu em defesa de Pedro:

— O Mestre está preso, e nós temos o dever de ajudá-Lo.

O outro Tiago, de Zebedeu, contra-argumentou:

— Nós sabemos que tu tens razão. Mas, de concreto, nada podemos fazer.

Agachado, perto de uma pequena fogueira, estava Judas Tadeu. Um homem simples, baixo e meio gordo, barba grossa, cabelos curtos e castanhos, tal qual a cor dos seus olhos. Olhos tristes. Mais que isso: um olhar distante e esquecido no tempo. O sonho parecia estar chegando ao fim.

A divina missão parecia estar atingindo os capítulos finais!

Do lado direito, encostado no tronco de uma oliveira, estava Tomé. O mais baixo do grupo, magro, barba rala, cabelos curtos e castanhos. Castanhos bem claros. O par de olhos azuis brilhava no seu rosto fino e delicado. Era o mais desconfiado daqueles homens seguidores de Jesus de Nazaré.

Pedro continuou tenso:

— Não, não e não! O Mestre não pode ficar sozinho!

João, todo complacente, retomou a palavra:

— Pedro, o Mestre sempre esteve sozinho. Nós apenas O acompanhamos nestes últimos anos. Sua vida sempre foi solitária e penosa.

Tomé, desconfiado, perguntou:

— Como tu sabes disso, João?

— Meu irmão, eu sei bem mais do que tu imaginas!

João foi o primeiro a seguir Jesus de Nazaré. Os dois encontraram-se havia bem mais de quatro anos. Eles ficaram amigos antes mesmo do episódio da famosa pescaria, três anos antes. A pescaria em que dois apóstolos saíam juntos para seguirem o Mestre.

Porém, esse relato não foi o verdadeiro momento do chamamento dos dois primeiros apóstolos. Mas, sim, o encontro de Jesus com os pescadores Pedro e André, seu irmão. Ele então ordenou: "Vinde comigo, e Eu vos farei pescadores de homens".

Mas João, bem antes disso, já era aliado de Jesus de Nazaré. Tanto que Ele mesmo havia levado o amigo para conhecer e ser batizado pelo profeta João Batista nas margens do Rio Jordão.

Que encontro fabuloso aquele!

Os dois filhos improváveis! Os dois descendentes de mães guerreiras e solitárias. As genitoras escolhidas por Deus para vivenciarem a alegria e a tristeza da maternidade. A dualidade de ser mãe! O sorriso. O amor transcendental. O amor incondicional. E de outro lado o choro. A angústia. A dor. O sofrimento!

O mistério de ser mãe!

Tiago de Alfeu, nervoso e preocupado, interrompeu a conversa de João e Tomé:

— Não é hora de discutirmos questões menores e vãs. Devemos agir.

Tomé retrucou:

— Não estamos discutindo questões menores e vãs. Estamos falando da vida do Mestre.

Pedro, exaltado, bradou outra vez:

— Basta! Tomé, por que não levantas e vens comigo?

— Para onde? — perguntou Tomé, levantando-se.

— Para a cidade, atrás do Mestre.

Judas Tadeu, que até então nada pronunciara, indagou:

— E o que tu farás para chegar até o Mestre?

— Como tu conseguirás passar pelos guardas sem ser reconhecido? —completou André.

Tiago de Alfeu não compreendeu:

— Ser reconhecido? Por que temer, se não fizemos nada de errado?

André respondeu:

— O simples fato de pertencermos ao grupo de Jesus já nos compromete muito.

Pedro reagiu:

— Mas quem saberá que eu faço parte deste grupo?

Simão, o Zelote, rebateu-o:

— Cuidado, Pedro. Multidões acompanharam e ouviram os ensinamentos do Mestre. O Sinédrio colocou falsos homens para observarem os passos de Jesus. Eles não queriam perdê-Lo de vista. Não podiam, é verdade! Para Roma, Jesus de Nazaré é muito perigoso!

Simão era um homem forte, moreno, barba grossa, cabelos castanhos e compridos, olhos castanhos, grandes e arredondados. Ele sabia muito bem o que estava dizendo.

— Pedro, Simão tem razão. É preciso ter muito cuidado — Felipe complementou.

Tomé também tomou partido:

— A cidade quase toda nos conhece. Sabem que somos seguidores do Mestre. E podem informar o Sinédrio a qualquer momento, se nos virem. Realmente, é preciso ter muito cuidado!

Pedro continuou irrequieto, andando de um lado para outro sem parar. Judas Tadeu levantou-se e caminhou em direção a João. Quando chegou bem perto do jovem apóstolo, perguntou-lhe:

— João, por que estás tão calado agora?

A resposta de João foi pausada e conciliadora:

— Porque estou orando ao nosso Pai Celestial para interceder ao Mestre e dar-nos, também, força e paz neste momento tão difícil.

Pedro irritou-se:

— Orar a Deus? Pedir força e paz nesta hora? Ora, João, este não é o momento. Vamos à luta!

— Nós não podemos lutar, meu irmão — Bartolomeu interveio.

— Mas também não podemos ficar aqui parados. Sem nada fazer! —Felipe contestou.

Então Tiago de Alfeu sugeriu:

— Vamos colocar nossas espadas à frente!

— Não devemos agir com violência — André relutou.

— Foi o Mestre quem nos ensinou! — completou Judas Tadeu.

Simão, o Zelote, disse:

— Ele não quer que usemos a violência.

— Então usaremos o quê? — Pedro esbravejou.

Mateus predisse:

— A nossa obediência.

Tiago de Alfeu gritou:

— E seremos obedientes até a morte?

— Se o Mestre assim quiser, assim serei! — Tomé retomou.

— E como saberemos o desejo do Mestre, estando Ele preso? — resmungou Pedro.

— Recordando e colocando em prática as Suas palavras. Os Seus mandamentos — João respondeu.

Então Tiago de Zebedeu, seu irmão, indagou:

— Mas o Mestre nada nos ensinou sobre como enfrentarmos esse problema.

— Devemos acreditar n'Ele. Confiar nos Seus ensinamentos. Suas palavras são fontes de vida — João ensinou.

Pedro, muito irritado, reagiu:

— E que palavras o Mestre está nos proferindo, neste instante?

João, calmamente, disse:

— Pedro, acalma-te! Pensa no que o Mestre nos disse três noites atrás! Tu lembras? "Será que não sois capazes de orar comigo durante uma noite?"

Pedro abaixou a cabeça e, por um instante, silenciou. A frase de Jesus recordada por João havia abalado o rebelde e irrequieto Pedro. A lembrança da transfiguração do Mestre e de toda a angústia e tristeza daquele momento parecia estar viva e muito presente na mente daquele apóstolo. Um apóstolo forte, vigoroso na sua fé e no seu amor ao Mestre. O Mestre que tanto lhe ensinara.

João retomou a palavra:

— Será, Pedro, que nós não somos capazes, realmente, de orar pelo Mestre durante uma noite toda?

Pedro ainda não se convenceu:

— Mas, João, o Mestre pediu-nos para orarmos a Ele. Com Ele, João! Vamos todos atrás do Mestre. Como sempre fizemos.

Tiago de Zebedeu teve medo:

— Mas os guardas nunca haviam prendido alguém do nosso grupo.

Então André sugeriu:

— É melhor esperarmos aqui.

— Vamos seguir o conselho de João. Vamos todos orar pelo Mestre — Bartolomeu complementou.

Mas Felipe não se controlou:

— Vamos todos ficar aqui orando, e o Mestre sozinho, nas mãos dos sumos sacerdotes?

Pedro novamente conclamou os seus companheiros à luta:

— Vamos, meus irmãos! Vamos todos ao encontro do Mestre!

Simão, o Zelote, não concordou:

— Nada podemos fazer em socorro do Mestre perante os sumos sacerdotes.

Mateus teve medo:

— Nós também podemos ser presos, se os guardas nos reconhecerem.

— Realmente, o melhor que temos a fazer é ficarmos aqui. Escondidos. Orando — Tomé completou.

Tiago de Alfeu irritou-se ainda mais:

— O Mestre está correndo perigo de perder a vida nas mãos imundas dos sumos sacerdotes. Será que vós não percebeis isso?

A discussão começou a acalorar-se. Todos falavam ao mesmo tempo. O grupo estava dividido. O amor que sentiam pelo Mestre era muito forte, mas o medo do que pudesse lhes acontecer era mais poderoso ainda. Ah, o medo...

A indecisão... O caminho a seguir... O que fazer... Como fazer... Todas essas questões movimentavam os pensamentos daqueles homens. Tristes homens em busca da libertação.

João tentou, mais uma vez, acalmar os ânimos exaltados de seus amigos:

— Acalmai-vos, meus irmãos! Vamos cessar esta discussão e orarmos ao Pai!

Pedro, indignado, respondeu:

— Acalmar?! Como podemos nos acalmar sabendo que o Mestre está sozinho?

— E o que tu sugeres que possamos nós todos fazer? — perguntou João.

Pedro, decidido, gritou:

— Vamos todos ao encontro do Mestre! Todos nós! Juntos!

Aquelas palavras pareciam sair do fundo da alma de Pedro. Ele realmente estava decidido a partir e ficar junto ao Mestre.

Empolgado, e agora de fato decidido, Pedro gritou novamente:

— E então: quem de vós virá comigo?

João tentou impedi-lo:

— Não vai, Pedro. Por favor, fica conosco! Tu vais se arrepender. Podemos ser presos a qualquer momento.

Pedro rebateu João:

— Covardes! Isso sim é que sois. Todos vós.

— Não somos covardes, Pedro. Somos obedientes. Vamos ficar orando pelo Mestre. Foi Ele mesmo quem nos pediu isso!

Essas palavras de João não conseguem aquietar Pedro. Ele desabafou:

— Se estás com medo e não queres ir, pois bem, fica. Mas não influencies os outros apóstolos. Deixa-os decidir por eles mesmos.

As palavras de Pedro soaram forte naquele ambiente de medo e preocupação.

O silêncio total, mais uma vez, reina naquele pequeno monte por alguns instantes. A feição assustada e desesperada daqueles homens transmitia a dor e a angústia que sentiam.

André andava de um lado para outro. Judas Tadeu estava cabisbaixo. Mateus olhou para Bartolomeu. Tiago de Zebedeu estava sentado, encostado em uma oliveira junto com Simão, o Zelote. Tomé discutiu baixinho com Felipe. Tiago de Alfeu foi o primeiro a tomar uma decisão. Com sua voz forte e rouca, falou tranquilo:

— João tem razão, meus irmãos. Eu vou ficar com ele e passar a noite toda orando pelo Mestre.

Tomé também seguiu a opinião de Tiago de Alfeu:

— Eu também vou ficar orando pelo Mestre.

Bartolomeu teve medo:

— Nós realmente podemos ser presos, se lá estivermos. Vou ficar aqui orando, também.

E assim, um por um do grupo seleto de Jesus de Nazaré tomou a mesma decisão. Todos resolveram ficar orando pelo Mestre, ali naquele pequeno e triste monte cheio de oliveiras. Somente Pedro resolveu seguir um caminho diferente naquele momento. Atordoado, ele gritou com todas as suas forças:

— Todos vós estais com medo. Medo! Isso sim. Covardes!

A feição de desespero e luta estava gravada naquele apóstolo. Pedro era, com certeza, o mais explosivo e o mais solidário daqueles homens. Ele não queria deixar o Mestre sofrer sozinho nas mãos do Sinédrio. Solitário, continuou:

— Se estais com medo, ficai todos! Eu estarei sempre ao lado do Mestre! Sempre! Sempre! Sempre!

E foi dizendo essas palavras três vezes que Pedro saiu daquele pequeno monte.

João ainda tentou, em vão, impedir a saída de Pedro, que nem sequer olhou para trás. Pedro partira sozinho em busca do Mestre. Nem mesmo ele sabia o que estava fazendo.

Os discípulos todos ficaram emudecidos. João, triste e solitário em um canto, exclamou:

— Ó, Deus, por que nos abandonastes?

CAPÍTULO 2

Aquela noite parecia não mais querer acabar. Os apóstolos todos rezavam, silenciosamente. Cada qual a sua maneira. Cada qual, na sua triste e solitária lembrança, pedia ao Pai a proteção real e acolhedora para aquele momento desesperador.

Tudo era oração e silêncio naquele lugar.

O que se passava na solitária mente daqueles apóstolos?

Judas Tadeu estava ajoelhado com as mãos juntas em sinal da mais pura oração. Bartolomeu andava de um lado para outro, sem parar. Simão, o Zelote, deixava escapar algumas lágrimas pelo rosto. Tiago de Zebedeu tentava conter a ansiedade chutando levemente o ar. Tomé estava sentado com os braços cruzados e as pernas dobradas. André, cabisbaixo, parecia murmurar palavras que se perdiam pelo espaço. Felipe chorava baixinho. Tiago de Alfeu, encostado em uma oliveira, olhava para as estrelas tentando conversar com elas. Mateus rezava baixinho. João, imóvel em um canto, orava sem parar.

Parecia que a vida não mais importava para aqueles homens solitários e tristes. Nada mais restava, além da angustiante e desesperadora espera. Todos estavam tensos. Com medo. Não sabiam o que poderia acontecer ao Mestre, nem a si mesmos.

A angústia. O desespero. A aflição. Como aquela noite demoraria a passar!

De repente, no meio de todo aquele mais absoluto silêncio, ouviu-se um barulho. Todos se prepararam, levantam e ficaram a observar, atentos, cuidadosos e assustados, para todos os lados daquele pequeno monte.

Bartolomeu sussurrou:

— Será que os guardas voltaram?

André estava muito assustado:

— O que será que eles querem com a gente?

João tentou acalmar o grupo:

— Calma, meus irmãos! Pode ser Pedro que tenha se arrependido e voltado até nós.

Ouviu-se novo ruído. Pareciam pés pisando sobre as folhas caídas pelo chão. Simão, o Zelote, gritou:

— Quem está aí?

Silêncio.

Simão insistiu:

—Quem está aí? Responde!

Novamente o silêncio tomou conta daquele pequeno monte. Os apóstolos estavam assustados. Tensos. João encorajou-se e questionou:

— Pedro, és tu?

Silêncio.

João novamente gritou:

— Pedro, és tu? Por favor, responde!

Do meio das árvores quietas e imóveis, surgiu a sombra de um ser humano. O coração daqueles homens disparou. O vulto, até então não identificado, ia se transformando no rosto conhecido de um homem que fazia parte daquele grupo.

Felipe, não acreditando no que estava vendo, exclamou:

—Judas?!

Judas Iscariotes era outro apóstolo do seleto grupo de Jesus de Nazaré. Moreno, forte, nem gordo, nem magro, de estatura mediana, barba rala, cabelos curtos e castanhos, tal como a cor dos seus olhos. Rosto bem fino, testa sempre franzida, em sinal de revolta e preocupação. Responsável e correto, era ele quem cuidava das despesas e do pouco dinheiro que ficava a cargo do grupo. Juntara-se aos onze para trilhar os passos firmes e determinados do Mestre.

Seu semblante, naquele exato momento, era de desespero e desolação. O mundo parecia cair-lhe sobre os ombros.

Seus ombros estavam abaixados. Seu corpo, destruído. Suas mãos estavam trêmulas.

Bartolomeu esbravejou:

— O que fazes aqui, traidor?

Aquelas duras palavras transmitiam todo o ódio e a repulsa daqueles homens diante de Judas, o traidor, que levara os guardas a capturar Jesus de Nazaré, momentos atrás.

Tiago de Alfeu, estancado, interrogou:

— E agora? Queres levar a nós também?

Judas estava muito assustado, com o semblante empalidecido e os olhos arregalados. Não pronunciara palavra alguma, até então.

Mateus questionou:

— Por que vieste aqui, Satanás?

Judas entristeceu-se ainda mais.

Tomé perguntou:

— Estás sozinho? Ou os guardas te acompanham?

Judas, finalmente, abriu a boca e pronunciou uma frase inteira:

— Estou sozinho! Vim apenas pedir clemência!

Os apóstolos irritaram-se. Começaram a falar todos ao mesmo tempo. Bartolomeu gritou:

— Clemência? Primeiro, entregas o Mestre aos sumos sacerdotes e agora vens pedir clemência?

André, irritadíssimo, esbravejou:

— Sai do nosso meio, seu traidor! Como nós podemos confiar em ti? Imundo!

João tentou acalmar aqueles homens desesperados, irritados e perdidos:

— Acalmai-vos todos, meus irmãos!

A tentativa de conciliação fora frustrada. O esforço de João fora totalmente em vão. Tiago de Alfeu retomou a palavra:

— Tu já não estás satisfeito com o que fizeste, filho de Satanás?

Mateus complementou:

— Tu não és o filho de Satanás... é o próprio!

Judas abaixou a cabeça, e algumas lágrimas tristes e arrependidas começaram a rolar pelo seu rosto. Em meio a gritos, insultos e xingamentos, aquele apóstolo, a quem Jesus mais amava — com João — caiu por terra. Parecia que a sua força física não aguentava o peso de sua dor e de seu arrependimento.

João, sozinho, tentava levantá-lo, enquanto Simão, o Zelote, urrou:

— Já que tu caíste, cai para nunca mais te levantar. Morre, seu traidor!

Tiago de Zebedeu concordou:

— Isso mesmo! Mas nem a morte será capaz de livrar-te dessa cruz!

Ah, que cruz terrível Judas teria de carregar a partir daquele momento. Suas pernas estavam bambas. Seu corpo estava fraco. Trêmulo.

João ajudou-o, e os dois, abraçados, arrastaram-se para um canto qualquer daquele monte. Longe dos apóstolos. Longe dos gritos que se faziam ouvir, enquanto se retiravam:

— Traidor!

— Filho de Satanás!

— Satanás em pessoa!

— Ah, se Pedro estivesse aqui!

— Ele o mataria!

— Tu serias um homem morto!

— É melhor que tu morras, mesmo!

— Nem as chamas do inferno te aceitarão!

— Imundo!

As vozes iam ficando para trás. As palavras perdiam-se no vento. Longe. Longe. Longe...

Até que o silêncio voltou a reinar naquele monte. Pelo menos naquele triste e pequeno pedaço de chão onde se encontravam os dois apóstolos mais amados por Jesus de Nazaré.

João colocou Judas em um canto, encostado no tronco de uma pequena oliveira. A feição assustada, aos poucos, ia se transformando em uma tristeza imensa. O choro copioso cobria-lhe a face. O tempo ia caminhando tranquilo e sereno. João tentou conciliar Judas:

— Acalma-te, meu irmão. O que está feito está feito.

Judas, um pouco mais calmo, interrogou:

— João, o que será do nosso Mestre? O que acontecerá com Ele?

— Fica tranquilo, Judas. O Mestre sabe o que faz. Lembras o que Ele já nos disse? Mesmo hoje, na hora da ceia, Ele repetiu o que havia profetizado.

João estava insinuando que Jesus de Nazaré sabia de tudo que lhe aconteceria naquela noite. Tanto que as palavras que João havia lembrado soavam como pássaros presentes voando ao redor dos dois. Jesus pronunciara que tinha desejado ardentemente comer com todos eles naquela Páscoa, antes de sofrer. Por isso diria que somente tornaria a comê-la quando se cumprisse a verdadeira Páscoa no Reino de Deus.

Judas respondeu:

— Eu lembro muito bem o que o Mestre nos disse. Aliás, Ele sempre soube o que aconteceria a nós e a Ele próprio. Eu é que não O entendi.

João enrugou a testa, em sinal de não entendimento, e perguntou a seu irmão:

— O que tu não entendeste, Judas?

O apóstolo, tristemente, começou a se confessar e a contar a sua história:

— Eu me juntei a vós por força e graça do Sinédrio. Fui sempre um espião. Sempre tive uma íntima relação com os sumos sacerdotes, pois o meu pai era muito amigo de um deles.

As palavras custavam a sair da boca daquele deprimido apóstolo. Ele jamais imaginaria o que de fato estava vivendo. Logo ele!

Assim mesmo continuou:

— Eu sempre tive uma verdadeira aversão a esses romanos hipócritas. Esse império maldito. Eles sempre quiseram a nossa melhor parte.

João não se contentou:

— Mas tu frequentaste o Sinédrio, não é verdade?

Judas respondeu:

— Tu tens razão. Eu sempre tive passagem livre no Sinédrio, graças à minha infância e ao meu pai. Quando jovenzinho eu não saía de lá. Sempre fui muito bem recebido naquele recinto.

Essas palavras tornavam o semblante de Judas cada vez mais revoltado. Ele gritou:

— Mas isso não significa que eu seja parte integrante daquela política inescrupulosa. Eu amo a minha terra e odeio esses romanos idiotas. Todas as vezes que eu vejo um irmão judeu morto, por entre ruas destas nossas cidades, a vontade que tenho é de me vingar de todos eles. Eu lhe juro, João, o que eu mais desejo é ver o meu povo livre. O nosso povo liberto de todo esse jugo que não merecemos.

Judas, neste momento, começou a se empolgar e a falar como um revolucionário:

— Meu sonho é de liberdade! Livre de toda essa opressão! Livre do poderio romano! Aqueles hipócritas e imbecis que só nos maltratam e matam os nossos irmãos. Nós precisamos acabar com esse império opressor! Não podemos mais viver e morrer sem propósito. Eles nos matam. Impõem-nos suas leis. Não temos de aceitar mais isso! Temos de nos rebelar!

João começou a entender toda a revolta de Judas. Aquele apóstolo era um verdadeiro e autêntico revolucionário. O que ele mais queria era libertar a Judeia da força virulenta de Roma e seus mandatários. A libertação que Judas ansiava era material. Concreta.

João, então, perguntou:

— Por que, Judas, tu continuaste neste grupo de Jesus de Nazaré? Só para dar informações ao Sinédrio sobre os passos do Mestre?

Judas entristeceu-se. Seus olhos perderam-se pelo espaço à procura de algo que nem mesmo ele sabia dizer o que era.

— Olhe, João, eu, no começo de minha caminhada junto ao Mestre, informei várias vezes o que estava se passando no nosso grupo. Quantas vezes eu fugia e corria até ao Sinédrio para falar com os sumos sacerdotes. Eles sabiam de tudo que se passava com Jesus e as multidões que O seguiam. Mas, de repente, eu comecei a enxergar em Jesus um líder.

João completou:

— Mas o Mestre sempre foi um líder. Eram multidões e mais multidões que O seguiam. Tu viste! Estavas lá conosco. Viste tudo o que acontecera a todos os que O acompanhavam!

Judas, porém, retrucou:

— Eu vi e bem soube que o Mestre era um líder. O que Ele dizia. O que Ele fazia. Todos Lhe obedeciam. E a partir daí não mais informei ao Sinédrio sobre os nossos passos. Eu comecei a ver em Jesus o libertador de nossa terra. Somente Ele pode nos livrar do poder de Roma! Somente Ele, João!

João contra-argumentou:

— Judas, o Mestre não prega a violência. Muito pelo contrário. Tu não lembras do mandamento que Ele nos pregou?

João estava se referindo ao maior ensinamento de Jesus de Nazaré, aquele em que Ele pregava: "Amai-vos uns aos outros, como Eu vos amo. Ninguém tem maior amor do que aquele que dá a vida aos seus amigos". Estas palavras estavam na lembrança de todos os apóstolos.

— É claro que eu me lembro do mandamento, João. Ele sempre falou do amor! Do perdão! Da paz! Mas nós não precisaríamos da violência para derrubar esse império. Tu não viste o que o Mestre tem feito? Tu não acreditaste no que viste?

Aquelas palavras saíam com vida da boca daquele apóstolo. Ele acreditava!

Judas viu tudo acontecer! Estava se referindo aos diversos milagres que ele mesmo presenciara. Foram tantas curas. Tantos conselhos. Tantas profecias. Cegos que voltaram a enxergar. Surdos que ouviram novamente. Paralíticos que redescobriram a alegria de andar.

— Aquele homem, João, com certeza, tem um poder extraordinário. Ele é o Deus Vivo entre nós, aqui na Terra. Com uma palavra, apenas, Ele ressuscitou o nosso irmão Lázaro! Aquilo foi extraordinário! Tu estavas lá conosco! Tu viste!

Judas estava relembrando o episódio da ressuscitação de Lázaro, irmão de sangue de Maria e Marta. E Lázaro já estava havia alguns dias no sepulcro, porque Jesus e seus apóstolos demoraram mais tempo do que o previsto para chegarem à casa de Maria e Marta. Judas recordava-se perfeitamente da cara amarrada de Marta dizendo a Jesus que nem no enterro Ele estivera. Um rosto decepcionado. Frustrado. Sem esperança!

E agora? O que Jesus faria?

Jesus de Nazaré, porém, pediu que retirassem a pedra do sepulcro porque Ele queria ver Lázaro. Maria, então, ordenara que retirassem a pedra, e o rosto de todos que ali estavam presentes foi de perplexidade, descrença e desconfiança.

Com uma só ordem, uma só palavra, Lázaro levantou-se e voltou ao mundo dos vivos. A feição do rosto de todos se modificou para admiração, fé e esperança! Aquela cena jamais saiu da mente de Judas. Que Homem era esse, se até a morte Lhe obedece? Esse era o líder com que Judas sonhava!

João ouviu atentamente as palavras de Judas, que não cessava:

— O Mestre pode tudo! Eu confiava muito n'Ele. Com um gesto, apenas, Ele poderia ser o Rei dos Judeus. E todos nós estaríamos livres desta opressão romana. Quando eu comecei a acreditar n'Ele, nas coisas que eu via acontecer à minha frente, eu O amei como ninguém.

João, neste instante, abaixou a cabeça e murmurou, com uma ponta de ciúmes:

— E Ele o amou, também. Bem mais que a todos nós outros. Tu estavas sempre ao lado d'Ele, mesmo na ceia desta noite. Tu dividiste o prato com Ele!

A recordação daquela ceia retornou à mente dos dois apóstolos, que estavam imediatamente à direita e à esquerda de Jesus de Nazaré. Os dois dividiam o prato com o Mestre.

Que privilégio! Foram eles os primeiros a comer o pão e a beber o vinho no mesmo cálice.

João continuou:

— O Mestre sempre te olhava com mais ternura e carinho!

Judas abraçou João, e falou mansamente:

— Tu és o apóstolo mais amado por Jesus, João. Sempre acreditaste n'Ele, desde o princípio. Eu não! Tu disseste bem: o Mestre tem ternura por mim. Ele já sabia o que aconteceria.

João rebateu:

— Não, Judas! Além da ternura, Ele tem também muito amor por ti. Todos os apóstolos têm inveja disso. Agora mais ainda, porque foste tu que O entregaste.

— Eu não O entreguei — disse Judas. Apenas fiz o que deveria fazer: pressionar Jesus de Nazaré! E Ele mesmo sabia disso, tanto que falou para eu fazer o que estava pensando. Foi isto que veio à minha mente: pressionar o Mestre. Jamais pensei em traí-Lo, João! Eu jamais trairia Jesus de Nazaré!

João interveio:

— Judas, mas Ele disse que alguém do nosso grupo iria traí--Lo! O Mestre na ceia usou esta palavra, sim: *traição*! E todos os apóstolos se manifestaram. Todos disseram *não*! Apenas tu calaste!

Judas, porém, retrucou:

— Levar os guardas até Jesus não seria traição! Eu queria pressionar Jesus para que Ele pudesse demonstrar todo o Seu poder e Sua força! Ele seria o Rei dos Judeus nesta terra tomada pelo ódio dos romanos! Eu não traí Jesus! Eu não traí o Mestre! Calei-me porque nunca pensei ser comigo o que Ele estava prevendo!

Judas estava desolado, caminhando. Triste e solitário. Parecia que o mundo havia desabado sobre os seus ombros. Seu arrependimento era explícito. Todos os apóstolos estavam contra ele. Em meio àquele instante de silêncio, Judas olhou para as estrelas e começou a chorar e gritar:

— Jesus traiu-me! Jesus traiu-me! Jesus traiu-me!

Essas palavras saíam do fundo da alma daquele triste apóstolo. Ele continuou:

— Eu não entreguei o Mestre aos guardas com a finalidade de aprisioná-Lo. Eu queria que Ele resistisse! Que mostrasse aos próprios guardas o Seu poder. Um gesto só, e todos acreditariam que Ele poderia ser o Rei dos Judeus! Ó, Pai, será tão difícil explicar isso! Ninguém acreditaria em mim!

Judas estava muito triste. Suas atitudes naquela noite seriam lembradas por séculos e séculos.

João ouvia tudo atentamente. Os seus olhos começaram a ficar marejados de lágrimas. João estava entendendo e, mais do que isso, estava compreendendo a verdadeira razão pela qual Judas traíra Jesus. E assim João retomou o diálogo:

— Tu, realmente, confundiste a missão do Mestre. Ele não quer ser coroado na Terra. Ele é o Senhor da Vida. Lembras o que Ele respondeu a Tomé, quando este Lhe perguntara sobre o caminho que tínhamos a seguir?

Judas respondeu tristemente:

— Eu já não estava mais lá. Havia saído. Estava à procura dos guardas.

João então lhe explicou:

— Tu tens razão. Já havias te retirado, mesmo. Pois bem, assim que tu saíste, Jesus começou a falar da Casa do Pai, onde há lugar para cada um de nós. E Ele ainda disse: "Depois de ir e vos preparar um lugar, voltarei e tomar-vos-ei comigo, para que, onde eu estou, também vós estejais. E vós conheceis o caminho para ir aonde vou". Tomé, então, perguntou: "Senhor, não sabemos para onde vais. Como podemos conhecer o caminho?" Jesus, mansamente, respondeu-lhe: "Eu sou o caminho, a verdade e a vida. Ninguém vem ao Pai senão por mim".

Judas ouviu tudo atentamente. Ele já estava mais do que arrependido. Desolado, em um canto, o apóstolo chorou feito criança. Já não mais poderia estar no grupo de Jesus de Nazaré. Já não mais poderia pertencer aos eleitos para a Casa do Pai.

João tentou confortá-lo:

— Acalma-te, meu irmão! O Mestre sabe o que faz!

Judas respondeu:

— Tu tens razão. O Mestre sabe o que faz. Eu é que não soube. Eu queria ver a Judeia em paz, sem o poder de Roma a nos humilhar, a nos arruinar. Eu queria um Rei Judeu, sem matar os nossos próprios irmãos, como o faz esse Império Romano. Um líder humano feito Jesus de Nazaré!

João abraçou Judas. Os dois choraram muito. João compreendeu a verdadeira razão da traição de Judas. Na realidade, não foi uma traição, mas sim uma forma de pressionar Jesus. Com isso, pensava Judas, ao se sentir encurralado, o Mestre usaria de Seus extraordinários poderes para não ser levado preso. Judas acreditava ao extremo em Jesus, tanto que tinha a absoluta certeza de que o Mestre tomaria as providências necessárias para se tornar o Rei dos Judeus, e libertar a Judeia do jugo romano.

A libertação do corpo! A revolução sem armas!

Judas não se conformou:

— João, por que o Mestre não reagiu? Por que não mostrou os Seus poderes aos guardas e ficou conosco? Por quê? Por quê? Por quê?

O apóstolo João tentou lhe explicar:

— Porque a missão do Mestre é outra, meu irmão. Tu, na realidade, não entendeste a verdadeira vinda de Jesus ao nosso meio. Ele não veio libertar o corpo físico, mas sim libertar a alma humana!

Judas contestou:

— Mas como podemos libertar a alma, se o nosso corpo está arruinado? Só podemos ser livres na totalidade de nosso ser!

João argumentou:

— O corpo é apenas um instrumento para a nossa alma. Nós necessitamos do corpo para viver, mas a nossa libertação total é o espírito, e não o corpo. Foi isso que tu não entendeste, meu irmão.

Judas estava cabisbaixo, balançando a cabeça em sinal positivo. Realmente, Judas confundiu a libertação que Jesus pregava.

E assim ele relatou:

— Tu tens razão, João. Eu acreditei tanto no Mestre que, quando os sumos sacerdotes vieram até mim, eu quis me vingar do Sinédrio e deles próprios. E assim aceitei mostrar o lugar onde Jesus se encontrava, pois Ele seria obrigado a destruí-los e derrubá-los do poder. Que triste ilusão!

João, então, perguntou-lhe:

— Mas, Judas, por que aceitaste o dinheiro que te deram os sumos sacerdotes?

— Para provar que eu estava falando a verdade. O Sinédrio nunca deixa de pagar favores. Os sumos sacerdotes costumam fazer o pagamento equivalente ao preço de um escravo, que hoje são trinta denários de prata. Se eu não aceitasse, era prova de que eu estava mentindo. Por isso eu fui obrigado a pegar o dinheiro, pois só assim eu estaria provando que disse a verdade.

Agora João havia entendido o motivo daquele dinheiro sujo que estava em poder de Judas, que continuou a falar:

— João, tu me conheces muito bem. Diz a verdade: eu seria capaz de entregar o Mestre por míseras trinta moedas de prata? Tu sabes que eu tinha bem mais do que isso em minha casa. E larguei tudo para viver à sombra do Mestre!

Judas tinha razão. João, na verdade, sabia que Judas era muito rico. Seu pai tinha muito dinheiro. Judas, no entanto, nunca quis saber de luxúria ou de possuir muitos bens. Era justamente ele quem tomava conta do pouco dinheiro que ficava a cargo do grupo, por ter mais experiência com isso. Judas seria incapaz de entregar Jesus por dinheiro. E João tinha plena certeza disso, tanto que lhe disse:

— Pois bem, Judas, eu acredito em ti. Bem sei que tu serias incapaz de entregar o Mestre a troco de trinta denários de prata. Eu confio em ti.

Judas retirou de sua túnica um *saculus*, pequeno saco de guardar dinheiro, e estende-o a João, dizendo:

— Toma, João, leva essas moedas contigo. Eu não tenho nada a fazer com elas.

João recusou de inopino:

— Deixa disso, meu irmão. Esse dinheiro é teu. Eu não devo apossar-me dele. Mesmo porque esse dinheiro é sujo. Fruto de sua insensatez. Foste tu que O entregaste.

Judas interrogou:

— O que farei com ele, então?

João respondeu-se de primeira:

— Que me importa? Isso é lá contigo!

Aquele apóstolo olhou fixamente para o *saculus* em sua mão direita estendida até João. Judas, então, guardou os trinta denários de prata em sua túnica e exclamou:

— Por este dinheiro eu serei massacrado e humilhado. Ninguém há de acreditar em mim!

Como essas palavras demoraram a sair da boca de Judas! Ele, tristemente, viu chegar à ruína sua missão. Ninguém o entenderia, e, muito menos, a razão de sua pseudotraição. Como ele estava desolado. Nada mais lhe restava nesta vida. Desesperançado, ele murmurou:

— João, tu nem imaginas quanto estou arrependido. Essa minha atitude fez com que o Mestre fosse preso e, provavelmente, seja levado à morte.

João assustou-se e indagou-o:

— Tu tens certeza, Judas? Não é possível!

Judas rebateu:

— Se o Mestre não quis se defender no meio de seus apóstolos, jamais se revoltará perante os sumos sacerdotes. Eles O levarão à morte!

João não se conformou:

— Mas sob qual alegação? O Mestre não fez nada de mal a ninguém!

— O simples fato de aglomerar multidões já é uma forte alegação de culpa. Os líderes sempre são mortos por quaisquer motivos insignificantes.

Essas palavras de Judas fizeram com que João chorasse copiosamente. A vaga imagem daquele grupo sem Jesus de Nazaré atormentava o apóstolo João. Ele falou:

— O Mestre não pode nos abandonar agora, neste exato instante. Ele vai se defender.

Judas desanimou-o:

— O Mestre não se defenderá. Muito pelo contrário. Ele deixará de ser o Rei dos Judeus que eu tanto sonhei. Nós não conseguiremos nos libertar de Roma.

João, com os olhos cheios d'água, olhou para Judas, que o abraçou:

— Nós estamos sozinhos, João! Sozinhos! Sem ninguém e em caminhos diferentes.

Caminhos bem diferentes e antagônicos. Nisso Judas tinha repleta razão. Os apóstolos estavam sozinhos. Não sabiam o que fazer, nem o que pensar.

João estava triste por Judas e desesperado por Jesus.

Judas estava desolado por João e descontente por Jesus.

Era como se o mundo dos dois caísse sobre seus ombros. Os dois apóstolos mais amados por Jesus de Nazaré, um pelo amor e outro pela dor, estavam desolados. Desesperados. Tristes.

Ainda assim, João tentou confortar Judas:

— Acalma-te, meu irmão. Tu fizeste o correto, dentro de sua visão. Apenas confundiste a missão. Tu não traíste Jesus.

Judas continuou a desabafar:

— Jesus traiu-me, João. Porque Ele sabia o que aconteceria. E não me preparou para esse momento terrível, não me disse nada diretamente a esse respeito. Ou, melhor, quando disse, eu não O entendi na ceia! E calei-me! O Mestre sempre foi terno comigo por esse motivo. Agora eu entendo. Ele sabia que eu faria parte dessa trágica e angustiante história.

João olhou mansamente para Judas e sussurrou:

— Tu fizeste parte dessa história. E muito bem. Agora eu entendo! Pois a cruz mais pesada está sobre os seus ombros. Tu és o apóstolo mais forte do nosso grupo. Aquele que mais acreditou em Jesus de Nazaré e em seus poderes. Foi o Pai Celestial que colocou tu, Judas, no nosso caminho.

Judas estava triste e desolado.

João continuou o seu discurso:

— Tu cumpriste muito bem a tua divina missão, Judas. Tu foste o instrumento necessário do Pai Celestial, para que se cumprisse a Sagrada Escritura. O que acontecerá com o Mestre já estava profetizado há muitos séculos.

Judas retomou a palavra:

— Verdadeiramente, o Mestre é o Deus Vivo entre nós aqui na Terra. A Sua missão é muito maior que a libertação material de Roma. Tu tens razão, João. Ele veio para libertar a alma humana, e não o corpo físico. O que está feito por mim, infelizmente, está feito! Eu errei! Eu errei! Eu errei!

Neste exato instante, Judas abraçou João, em sinal de despedida. João concordou:

— O que está feito está feito, meu irmão! Não te arrepende disso. Tu fizeste parte dessa missão.

Judas não se conformou:

— Não, João. Isso tu não podes me pedir. Esse arrependimento terrível, essa mágoa descomunal, eu levarei comigo todos os dias, até a consumação dos séculos. Eu não sou forte o bastante como previa. E nem tolo para não saber o mal que causei ao Mestre! Ele jamais me perdoaria!

João entristeceu-se ainda mais. Judas despediu-se de forma melancólica:

— Adeus, João. Nunca nos encontraremos na Casa do Pai, onde há muitas moradas, não é mesmo?

Algumas lágrimas caíram pelo rosto de João. Aquela despedida estava sendo muito dura para ambos. A aflição. O desespero. A incerteza do que estaria a acontecer. Tudo isso estava presente na mente dos dois apóstolos daquele seleto grupo seguidor de Jesus de Nazaré.

João tentou falar mansamente:

— Não, Judas. Acalma-te. Dê tempo ao tempo. Vem te juntar conosco novamente.

Judas esboçou um ligeiro sorriso de ironia no rosto atordoado e argumentou:

— Tu não imaginas o ódio que os apóstolos estão sentindo por mim? Eles jamais entenderiam a verdadeira razão dessa minha atitude, meu irmão.

João ainda tentou reconfortá-lo:

— Não, Judas, se eu entendi, todos eles podem entender também.

Judas não se consolou:

— Tu estás enganado, João. Tu entendeste porque és o maior de todos. O apóstolo mais amado por Jesus, justamente por isto: pelo amor que tu pregas e pela vida que tu vives!

Os dois abraçaram-se mais uma vez, e Judas despediu-se definitivamente:

— Adeus, meu irmão! Tu foste o único a acreditar em mim. Muito obrigado. Pena que ninguém mais me entenderá! Adeus!

João, tristemente, esboçou um sorriso. Queria falar tanta coisa, mas o máximo que conseguiu dizer foi:

— Adeus, meu irmão!

A lua a flutuar no céu era a única companhia de Judas. Aquele apóstolo de Jesus de Nazaré caminhava sozinho rumo à escuridão. Rumo ao desespero. Somente o que o esperava era a angustiante expectativa quanto à vida ou à morte do Mestre. Somente o que o acompanhava era o maior e mais triste arrependimento...

Ah, o arrependimento...

Ainda naquele pedaço de chão, João observou o vulto de Judas sumir em meio às trevas. João estava solitário e desolado. As lágrimas iam caindo pelo seu rosto. A tristeza inundava-lhe a alma. Em um gesto de imenso carinho e de ternura, João abençoou, mesmo de longe, o apóstolo Judas dizendo:

— Segue em paz, meu irmão! Onde quer que tu estejas, que também o Pai Celestial esteja presente. Que o Pai Celestial te abençoe, Judas!

E, como se fosse uma terrível profecia de despedida, João murmurou:

— A tua missão está cumprida, meu irmão! A minha está apenas começando!

CAPÍTULO 3

João seguia caminhando pelo pequeno Monte das Oliveiras, pensando e refletindo em tudo o que havia conversado com Judas Iscariotes. Palavra por palavra inundava o pensamento daquele jovem apóstolo.

A cruel expectativa estava a reinar em sua mente. O que aconteceria ao Mestre? E quanto aos apóstolos?

Essas e outras tantas dúvidas atormentavam o jovem apóstolo João. Ele caminhava solitário, sem esperança e sem destino. Caminhava rumo ao local onde os outros apóstolos se encontravam reunidos. Talvez já tivessem uma nova e boa notícia.

À medida que se aproximava do local onde os apóstolos estavam reunidos, naquele triste cantinho de monte, sua tensão aumentava.

O silêncio reinava absoluto. Nenhum sinal de que ali se encontravam os seguidores de Jesus de Nazaré. Pé ante pé, o assustado apóstolo ia chegando. Com uma ponta de receio, ele murmurou:

— Ei, irmãos! Estais aí?

Silêncio.

Nenhuma resposta foi pronunciada. Nenhum som se ouviu. João tentou novamente. Desta vez ele se encheu de coragem e gritou, um pouco preocupado:

— Irmãos! Sou eu, João!

Em meio a árvores, o que se viu foram vultos humanos se levantando. Alguém exclamou:

— João, és tu?

Aquelas palavras fortes haviam saído da boca de Simão, o Zelote. E João as reconheceu:

— Sim, sou eu, Simão.

Eis que surgiu, então, o rosto preocupado e tenso de Simão, o Zelote, em meio à densa escuridão. João abraçou-o, aliviado. Eles todos estavam ali.

Mateus, porém, indagou:

— Onde está o traidor?

— Vieste contigo? — Felipe completou.

João respondeu:

— Acalmai-vos, meus irmãos! Eu vim sozinho. Judas seguiu outro caminho.

Menos preocupados neste instante, os apóstolos aconchegaram-se, e cada qual buscou um lugar para si naquele monte. Todos estavam reunidos ali, menos um. João, então, questionou:

— Onde está Pedro? Não voltou ainda?

Com um ar de preocupação estampado no rosto, André, irmão de Pedro, tomou a palavra:

— Pedro ainda não voltou. Nem sequer nos enviou algum mensageiro. Eu estou muito preocupado.

João, um pouco mais tranquilo, tentou acalmar o outro apóstolo:

— André, não sofre tanto. O teu irmão sabe o que está fazendo.

André não tinha tanta certeza disso, não:

— Será, João? O meu irmão é muito impulsivo e rebelde. Além disso, é muito nervoso e agressivo. Nós não devíamos tê-lo deixado partir.

João argumentou:

— Mas tu mesmo viste o esforço que fiz para impedi-lo de partir.

— Nós todos tentamos mudar a ideia de Pedro em ir ao encontro do Mestre — reforçou Tiago de Zebedeu, irmão de João.

André, desolado, sussurrou:

— Mas as nossas palavras foram em vão.

Judas Tadeu também tentou consolar o irmão de sangue do apóstolo Pedro:

— Acalma-te, irmão André. Pedro está bem. Ele sabe o que faz.

Simão, o Zelote, estava em pé, caminhando de um lado para outro sem parar. Seu semblante refletia um apóstolo assustado e tenso. Ele segurou João pelo braço e levou-o a um canto isolado daquele monte. Preocupado, Simão começou a falar:

— Olhe, João, eu gostaria de acreditar em Judas Tadeu. Mas eu conheço muito bem esses guardas e, pior, também conheço muito bem esses sumos sacerdotes. Pedro deve estar passando por momentos difíceis. Já estava na hora de ele voltar.

João, disfarçando, pediu a Simão:

— Fica quieto. Não diz nada disso a nenhum outro apóstolo. Vamos esperar mais um pouco. Se Pedro não voltar até de manhã, tu vais ver o que houve.

João olhou ligeiramente para trás, na direção de todos os outros apóstolos, e continuou a falar com Simão, o Zelote:

— Por ora, tu fica calado e orando ao Pai Celestial. Vamos todos nos unir em oração. No devido momento, eu te dou o sinal e tu vais à procura de nosso irmão Pedro.

Dito isso, João voltou ao meio dos outros apóstolos; e, em seguida, Simão, o Zelote, também se achegou e encostou em uma oliveira.

O silêncio era aterrorizante. Ninguém pronunciava uma única palavra. Todos estavam a se olhar e a se perguntar o que aconteceria com eles e com o Mestre.

Felipe estava deitado, encostando sua cabeça em um tronco de oliveira. Bartolomeu, também deitado, estava ao seu lado. As mãos juntas e as pernas esticadas no chão seco e árido.

Do outro lado, sentados, estavam Mateus, André e Tiago de Alfeu. Mateus estava com os olhos parados. André olhou tristemente para Tiago de Alfeu, que chorou baixinho. Tomé, sentado, encontrava-se do lado direito de Tiago de Alfeu, um pouco mais à frente. Seu olhar estava direcionado para as estrelas. Um olhar frio e distante feito elas.

Judas Tadeu também permanecia sentado. Pernas dobradas e braços cruzados. Uma tristeza enorme. Tiago de Zebedeu encontrava-se do lado de João, seu irmão. Tiago estava muito abatido e desesperançado, tal qual Simão, o Zelote, que se levantou e seguiu caminhando de um lado para outro.

João estava sentado. Levantou-se e começou a discursar feito um grande conciliador:

— Irmãos, não devemos ficar desesperados e tristes com esta situação. O Mestre sempre soube o que fazer. E nós confiamos muito n'Ele. Portanto, vamos novamente respeitá-Lo. Vamos fazer o que Ele nos pediu: orar. E orar muito!

E, como em um passe de mágica, aqueles dez apóstolos começaram a rezar e a pedir ao Pai Celestial a sua proteção. Eram palavras que se perdiam pelo espaço, e o vento insistia em levá-las para algum lugar.

Eram lamentações. Súplicas. Desejos e vontades. Mas, acima de tudo, estava a serenidade e a confiança em Jesus de Nazaré. Mesmo que, naquele exato instante, fosse uma confiança desgastada e diminuída. Ainda assim, o Mestre era um líder. Necessário e essencial para a libertação da alma e para o cumprimento daquela divina missão.

João ia lembrando tudo o que dissera e ouvira da boca de Judas Iscariotes. E aquilo, também, ia transformando em oração. Na mais pura e singela oração. João suplicou:

— Ó, Pai Celestial, faz com que nós possamos perdoar sempre os nossos irmãos, que foram criados à Sua imagem e semelhança. Que nós possamos viver o amor. E vivê-lo em sua magnitude e essência plena.

Os apóstolos todos se uniram na mais linda e bela oração. A oração da simplicidade. Da mais digna pureza de alma. Aqueles homens estavam despertando para concluir a divina missão. Eles estavam, pela primeira vez, conduzindo uma prece ao Pai Celestial sem a presença de Jesus de Nazaré. Mateus continuou:

— Que o Mestre sempre esteja presente entre nós. Mesmo em espírito e bondade. Para que possamos levar a todos a mensagem de paz e amor que aprendemos com Ele.

Felipe interveio:

— Que o maior e mais lindo mandamento do Mestre seja o nosso estandarte de agora em diante. Que possamos amar ao Pai Celestial sobre todas as coisas, e ao nosso irmão como a nós mesmos.

Bartolomeu também pediu a proteção divina para todos os apóstolos:

— Ó, Pai Celestial, que nós todos, seguidores de Jesus de Nazaré, possamos viver na Vossa amizade e proteção.

Judas Tadeu começou a falar:

— Meus irmãos, que o Mestre Jesus nunca saia de nosso meio. Que Ele possa sempre estar ao nosso lado. Para que...

Neste exato instante, ouviram-se passos e gritos desesperados. A voz não parecia ser desconhecida. Os apóstolos calaram-se.

— Irmãos! Onde estais?

Realmente, aquela voz era muito conhecida dos apóstolos. Era Pedro quem estava chegando. Simão, o Zelote, orientou o desesperado apóstolo:

— Nós estamos aqui, Pedro. À sua direita, em meio às oliveiras.

Surgiu, então, no meio dos apóstolos, o atordoado e desesperado Pedro. Ele, enfim, havia voltado. João indagou-o:

— O que houve, meu irmão? Por que tanto desespero e preocupação?

Pedro estava desolado. Cansado. Ofegante. Seu semblante refletia uma enorme tensão. Ele nada conseguiu falar. Apenas desabou em pranto. Um choro arrependido e solitário. As lágrimas correram pelo seu rosto arredondado, preocupado e triste.

Os apóstolos todos ficaram muito preocupados. Estavam a se olhar e a se questionar: o que será que houve? O que poderia ter acontecido de tão horrível com o Mestre Jesus de Nazaré?

André segurou a mão de Pedro, seu irmão de sangue, e falou:

— O que aconteceu, meu irmão? Conta-nos tudo. Estamos muito preocupados também.

João tentou acalmar a situação:

— Tranquilizai-vos todos, meus irmãos. Pedro vai nos contar o que houve. Por ora, vamos deixá-lo descansar.

Os apóstolos obedeceram a João, e cada qual voltou para o seu canto. Pedro continuou chorando. Desolado e triste. A impressão que ele transmitia era de que o mundo havia desabado sobre os seus ombros.

Algo de horrível e inimaginável tinha acontecido. E João estava muito preocupado com isso. Fatos e mais fatos atordoavam a sua mente e sua imaginação. Será que o Mestre havia sido morto? Será que os sumos sacerdotes haviam destruído o sonho da divina missão?

Ah, que cruel e terrível sensação de desespero. O sofrimento por antecipação era o pior e mais triste sentimento. A espera. A expectativa de que algo tivesse acontecido... ah, como a solidão invade esses momentos...

O tempo parecia não querer passar. O vento não mais soprava. O silêncio voltava a reinar naquele monte. Naquele triste e angustiante pedaço de chão. Pedro, finalmente, acalmou-se e começou a falar, tristemente:

— Eu encontrei Jesus assim que cheguei à casa do sumo sacerdote Caifás. O Mestre estava no pátio, sendo inquirido pelo Conselho. Lá estavam reunidos alguns escribas e anciãos do povo.

As palavras saíam devagar da boca de Pedro. A sua tristeza era transparente e límpida. Ele passou as mãos pelo rosto, enxugando mais algumas lágrimas que lhe caíam dos olhos. Os apóstolos estavam atentos e silenciosos. Todos queriam saber o que tinha acontecido para que Pedro chegasse naquele estado desesperador. Ele continuou:

— Eu seguia o Mestre de longe. Em nenhum momento Ele me viu. Eu sentei-me junto aos criados, perto do fogo para me aquecer.

Pedro abaixou a cabeça e respirou fundo. As palavras pareciam lhe fugir. De repente, Tiago de Alfeu não se conteve e urrou com todas as suas forças:

— Mas e o Mestre? Onde Ele está? O que aconteceu, Pedro?

O apóstolo Pedro retomou a oratória:

— O Mestre nada respondia. Tudo que Lhe perguntavam ficava sem resposta. Os sumos sacerdotes procuravam um falso testemunho a fim de O levarem à morte. Mas não conseguiam, embora se apresentassem muitas falsas testemunhas.

Os apóstolos estavam prestando a máxima atenção nas palavras de Pedro. Todos ansiavam um final feliz. Pedro continuou:

— Por fim, apresentaram-se duas testemunhas, que disseram: "Este homem disse que poderia destruir o Templo de Deus e reedificá-lo em três dias".

João irritou-se:

— Não! O Mestre não disse isso! O que Ele falou foi: "Destruí vós este Templo, e eu o reerguerei em três dias", em resposta aos judeus. Ele jamais disse que destruiria o Templo.

João estava preocupado, porque, para os judeus, proferir blasfêmias contra o Templo era um crime de morte. Simão, o Zelote, concordou:

— Tu tens razão, João. Mas o que os sumos sacerdotes querem é incriminar Jesus de Nazaré de alguma forma. Tu não ouviste Pedro dizer que eles procuravam falsas testemunhas?

Simão realmente tinha razão. Os sumos sacerdotes queriam qualquer motivação para matarem aquele a quem chamavam de Rei dos Judeus. Mesmo que fosse um motivo falso ou insignificante.

Pedro retomou a palavra:

— Quando a segunda falsa testemunha confirmou as palavras que Jesus teria dito, o sumo sacerdote Caifás levantou-se e perguntou ao Mestre: "Nada tens a responder ao que essa gente depõe contra ti?"

Nessa hora, Pedro se engasga e demora a continuar a frase:

— Jesus, no entanto, permaneceu calado. Então o sumo sacerdote Caifás disse-lhe: "Por Deus Vivo, conjuro-te que nos diga se Tu és o Cristo, o Filho de Deus?"

O silêncio continuava a reinar naquele triste e angustiante monte. Somente o que se ouvia eram as palavras daquele seguidor de Jesus de Nazaré. Os apóstolos permaneciam atentos.

Pedro continuou:

— Somente aí o Mestre pronunciou algumas palavras. Respondeu Ele: "Sim. Eu o sou. Além disso, eu vos declaro que vereis doravante o Filho do Homem sentar-se à direita do Todo-Poderoso e voltar sobre as nuvens do céu".

Pedro entristeceu-se e abaixou a cabeça, enquanto Tiago de Alfeu não se conforma:

— Por que o Mestre disse isso? Por acaso não sabia Ele da blasfêmia que estava proferindo perante o chefe dos sumos sacerdotes?

Os apóstolos revoltaram-se e começaram a falar todos ao mesmo tempo. Jesus de Nazaré acabava de assinar a Sua sentença de morte. Tudo estaria terminado. E os apóstolos temiam justamente isso.

Felipe indagou:

— Eles O levarão à morte, Pedro? O que aconteceu? Por tudo que é mais sagrado, conta-nos o que houve!

As palavras não mais queriam sair da boca daquele rebelde apóstolo. No entanto, Pedro tomou fôlego, respirou fundo e continuou a contar aquela triste, melancólica, porém real história.

— A essas palavras pronunciadas por Jesus de Nazaré, o chefe dos sumos sacerdotes rasgou Suas vestes, exclamando: "Que necessidade temos ainda de testemunhas? Acabastes de ouvir a blasfêmia! Qual o vosso parecer?"

O momento era de real tensão entre os apóstolos. Todos sabiam do veredito para qualquer cidadão que blasfemasse no meio do julgamento. E aquele era um julgamento! Os anciãos e escribas com certeza não titubeariam quanto à sentença.

Pedro continuou:

— Todos aqueles que faziam parte do Conselho responderam em coro: "Morte, merece a morte!" Então alguns escribas cuspiram-Lhe na face, outros Lhe bateram com os punhos e deram-Lhe tapas.

Os apóstolos revoltaram-se. Gritaram. Choraram.

O sonho estava chegando ao fim. Eles ficariam sozinhos. Sem saber que caminho seguir. Qual decisão tomar. Tudo estava perdido. Eles não mais teriam Jesus de Nazaré. Logo eles... Eles que sempre viveram... à sombra do Mestre!

João refugiou-se em um canto. Felipe chorou copiosamente. Mateus sentou-se e, calado, observou o pranto amargurado de Bartolomeu, encostado em um tronco de uma oliveira.

Do seu lado, Tiago de Alfeu estava abraçado a Tomé, ambos chorando muito. André estava desolado. Judas Tadeu não escondia a sua enorme tristeza.

Simão, o Zelote, caminhava de um lado para outro, muito nervoso e preocupado. Tiago de Zebedeu estava desesperado. Pedro estava derramando-se em lágrimas tristes e arrependidas. Em um profundo grito, ele exclamou:

— Ó, Pai Celestial, perdoai-me! Eu não mereço ser um apóstolo de Jesus de Nazaré! Eu sou o mais fraco e o pior de todos!

João aproximou-se de Pedro e abraçou-se. Calmamente, falou:

— Acalma-te, Pedro. Por que tu estás tão desesperado? O Mestre sabe o que faz!

Pedro não concordou:

— O Mestre sabe o que faz? Tu tens certeza disso, João?

— Claro, Pedro. O Mestre tudo sabe. Tudo pode. Ele está apenas cumprindo a Sua divina missão.

Pedro estava mais desesperado ainda. Angustiado, ele confessou o seu maior fracasso:

— Pois bem, João. O Mestre pode até saber o que faz. Mas eu! Eu definitivamente não! O pior da história eu ainda não contei.

Os apóstolos todos voltam a atenção para as palavras tristes de Pedro:

— Quando eu lá cheguei, à casa do sumo sacerdote Caifás, como eu falei, me juntei aos criados e fui diretamente para o pátio, junto ao fogo para me aquecer. Ninguém havia me notado, pois todos estavam atentos ao que aconteceria ao Mestre.

As palavras daquele desesperado apóstolo reinavam absolutas naquele monte. O silêncio, de vez em quando, insistia em voltar.

Pedro retomou o fôlego e continuou a falar:

— Assim que aconteceu tudo aquilo que eu já contei a todos, uma das criadas aproximou-se de mim dizendo: "Também tu estavas com Jesus, o Galileu?" E eu respondi, assustado: "Não sei o que dizes".

Lágrimas tristes e arrependidas rolaram pelo rosto desesperado de Pedro. João estava começando a entender toda a angústia daquele forte apóstolo. O jovem João lembrava-se perfeitamente do que Jesus havia dito na ceia realizada naquela noite.

Quando o Mestre anunciara que iria para um lugar aonde os apóstolos ainda não poderiam ir com ele, Pedro indagou-O: "Por que não posso seguir-Te agora? Eu daria a minha vida por Ti!"

Jesus de Nazaré olhou fixamente para Pedro e rebateu-o: "Darias a sua vida por mim? Em verdade, em verdade vos digo que hoje mesmo, antes de o galo cantar três vezes, me renegará".

Ao que tudo indica, mais uma profecia estaria sendo cumprida. Que poder tinha Jesus. Que força. Ele sabia de tudo o que estava dizendo.

Pedro estava a falar:

— Eu estava me dirigindo para a porta, a fim de sair daquele local, quando outra criada me reconheceu e disse aos que lá estavam: "Este homem também estava com Jesus de Nazaré". E pela segunda vez eu O neguei, jurando que nem conhecia tal homem.

O medo. Ah, o medo... era exatamente esse sentimento que rondava Pedro naquele momento em que fora indagado pelas criadas.

Com que tristeza e arrependimento Pedro estava contando aquela história que lhe havia acontecido. Em nenhum instante ele parou de chorar. Passando a mão esquerda sobre os olhos, o apóstolo prosseguiu:

— Pouco depois, os que ali estavam se aproximaram de mim, e um deles falou: "Sim, tu és daqueles. Teu modo de falar te dá a conhecer. Tu és galileu". E eu continuei jurando, dizendo que nem sequer conhecia tal homem. E neste exato momento o galo cantou...

Pedro não resistiu. Caiu aos pés de André, seu irmão. O desespero e a dor eram muito maiores do que se podia imaginar. Aquele rebelde apóstolo que saiu para acompanhar Jesus de Nazaré sozinho não era tão forte quanto ele mesmo se avaliava.

A fraqueza de Pedro estava estampada no seu rosto. Um rosto desesperado e arrependido. Agora o Mestre estaria solitário novamente.

João observava a enorme tristeza de Pedro, caído ao chão. Auxiliado por André, João levantou Pedro e colocou-o sentado à beira de uma oliveira. João sentou-se do lado de Pedro e tentou consolá-lo:

— Pedro, acalma-te. O que está feito está feito!

Os apóstolos estavam atentos às palavras de João. Todos respeitavam a enorme tristeza e o infinito arrependimento de Pedro, que falou, em tom absolutamente desolado:

— Eu O neguei! Eu não mereço essa calma que tu pregas! Eu fui muito fraco!

João contestou-o:

— Não! Tu não foste fraco! Tu foste instrumento necessário para se realizar a missão. Com isso Jesus mostrou, mais uma vez, o Seu poder e a Sua majestade. O Mestre sempre soube o que fazer.

Pedro não se conformou:

— Mentira! Eu fui o pior inimigo do Mestre! Eu jurei não conhecê-Lo, João! Eu nunca serei perdoado por Jesus de Nazaré!

— O perdão sempre foi a maior virtude do Mestre — respondeu João. Ele sempre nos ensinou a amar o nosso irmão e a perdoar tudo. Até mesmo na oração maior Ele nos pregava: "Perdoai as nossas dívidas, assim como nós perdoamos os nossos devedores".

A feição assustada daqueles seguidores de Jesus de Nazaré começou a amenizar-se. As palavras sábias de João conseguiram tranquilizar um pouco os atentos apóstolos. Aqueles homens sabiam da gravidade dos acontecimentos narrados e vividos por Pedro. Eles estavam assustados, porém mais calmos.

Somente Pedro estava demasiadamente triste, desolado e revoltado. Revoltado com a sua fraqueza e a sua falta de fé. Justamente ele, que se mostrava tão vigoroso na crença e no amor ao Mestre.

João tentou explicar:

— O Mestre sempre soube muito bem o que fazer. Tanto que escolheu aquele que mais acreditava em Seus poderes para levá-Lo à prisão. E escolheu o mais forte na fé para negá-Lo!

Aquelas palavras iluminadas de João trouxeram o conflito de novo ao seleto grupo de apóstolos, que começaram novas discussões.

Pedro esbravejou:

— Pare de blasfemar, João! Judas é um traidor! E eu, um fraco!

João interveio:

— Não! O Mestre soube muito bem escolher aqueles que fariam parte desta missão. Tudo isso para provar que somos todos iguais, merecedores do perdão do Pai Celestial, pois todos nós, sem exceção alguma, somos pecadores!

O silêncio voltou a reinar absoluto naquele monte. Triste monte à espera do desconhecido. À espera do angustiante final de uma parte da divina missão. Os apóstolos estavam solitários e desolados. Não mais sabiam o que fazer.

Não mais sabiam que caminho seguir.

A esperança estava no fim. A vida do Mestre também...

CAPÍTULO 4

Os apóstolos continuavam reunidos naquele triste pedaço de chão. O sonho estava chegando ao fim. O medo terrível do futuro que estava por chegar atormentava a mente daqueles seguidores de Jesus de Nazaré. Eles estavam sozinhos. Escondidos.

Como aquela noite estava demorando a passar! Os segundos pareciam transformar-se em minutos. Os minutos pareciam durar horas. O sol, que já havia dado sinais de luz, parecia demorar uma eternidade até atingir o imenso e lindo céu azul.

João, em pé, andando de um lado para outro, começou a discursar:

— Irmãos, o Mestre está nos deixando. A missão d'Ele está chegando ao fim.

Os apóstolos estavam atentos, ouvindo cada palavra que saía da boca de João. Mansamente, ele continuou:

— Com isso, nós iniciaremos a nossa missão. Nós teremos de dar o testemunho de tudo aquilo que o Mestre nos ensinou. Devemos pregar a todo o mundo os mandamentos de Jesus de Nazaré. Somos nós os responsáveis pela transmissão das palavras que ouvimos da boca do nosso querido Mestre.

Como os apóstolos estavam assustados com aquelas palavras proferidas por João! Eles teriam de fazer parte da divina missão. Eles teriam de seguir o caminho sem a presença de Jesus de Nazaré. Eles não mais estariam à sombra do Mestre...

João, o jovem apóstolo, era muito respeitado pelo seleto grupo dos seguidores de Jesus de Nazaré. Era ele quem seguia falando:

— Irmãos, vamos nos juntar e continuar orando ao Pai Celestial e pedindo a Ele que nos proteja nesta nova missão que teremos pela frente.

E, assim, a oração voltou a reinar naquele triste pedaço de monte. Eram palavras que voavam pelo espaço em forma de prece. Eram pedidos. Súplicas. Desejos. Tudo isso misturado com o terrível medo!

Ah, o medo... esse estranho sentimento que muitas vezes nos impede de ir ao encontro do nosso sonho. O mais ardente sonho de cada um. Anseios diferentes de vidas distintas. Ilusões que se perdem pelo tempo e pelo espaço sem fim.

A lua a flutuar no imenso céu já se fora. O que estava reinando no alto era o rei sol, com toda a sua força e a sua graça naquela primeira hora da manhã. Neste momento era ele quem governava absoluto naquele lindíssimo e infinito azul-celeste.

Naquele triste monte os apóstolos continuavam a orar. Todos estavam acordados e atentos. Com medo do que estava por acontecer. Receosos pela vida do Mestre.

As palavras dos apóstolos faziam-se ouvir mansamente. Agora quem estava orando em voz alta era Simão, o Zelote:

— Que o nosso amado Pai Celestial tenha misericórdia e piedade de nós, pobres pecadores em busca de paz. Que nós sejamos capazes de levar a mensagem de Jesus a todos os povos da Terra.

Felipe complementou:

— Que a nossa fé seja suficiente para levar a verdade aos homens de boa fé. Que a nossa vida seja o mais perfeito exemplo da santidade de Jesus de Nazaré.

As palavras voavam pelo espaço sem fim. O vento levava-as sem demora e sem cuidado. O que restava era a triste e insólita recordação das palavras proferidas por Jesus.

Os apóstolos estavam cansados. Com sono. Afinal, passaram a noite toda acordados. Mas o medo e a ansiedade não deram trégua e fizeram companhia a eles.

Mateus estava encostado em uma oliveira à direita de João, sentado. Felipe continuava em pé, orando. Simão, o Zelote, era o mais atento, sentado à esquerda de Tiago de Alfeu, que estava com as pernas cruzadas.

Tiago de Zebedeu estava um pouco mais à frente, isolado em um canto. Pensativo e calado, também se encontrava Bartolomeu.

André continuava sentado ao lado de seu irmão Pedro, o mais triste daquele grupo, com a mais absoluta certeza. Cabisbaixo e envergonhado, nada mais havia falado sobre o Mestre.

Judas Tadeu estava ouvindo com atenção as palavras de Felipe, tal qual Tomé, sentado à sua esquerda. Felipe continuou:

— Não nos será fácil pregar os ensinamentos do Mestre aos povos todos, ó, Pai Celestial. Seremos perseguidos e humilhados. Por isso, nós pedimos a Sua proteção, Pai Nosso! Ajuda-nos a vencer mais essa enorme batalha.

Os apóstolos começavam a prever quantos problemas e obstáculos teriam pela frente. Como seria difícil e doloroso o caminho a trilhar.

De repente, no meio daquele grupo masculinizado, surgiu uma figura feminina. Por sinal, uma morena muito bonita. Alta. Cabelos longos e negros. Olhos castanhos. Um rosto fino, delicado e meigo. Era Maria, uma das seguidoras de Jesus de Nazaré.

Maria era irmã de Malco, servo do sumo sacerdote Caifás, e trabalhava no palácio do governador Pilatos, que governava a Judeia em nome do imperador romano Tibério. Ela chegou muito cansada:

— A paz esteja convosco, meus irmãos!

Essa era a forma mais comum pela qual aqueles homens seguidores de Jesus de Nazaré se cumprimentavam. Assustado, Simão, o Zelote, perguntou:

— O que aconteceu, irmã, por que tu ficaste tão apavorada assim?

Com a pulsação ainda em descompasso, Maria começou o seu relato:

— Hoje ainda pela madrugada, quase dia, quando eu estava chegando à cozinha do Palácio do Governador Pilatos, ouvi fortes gritos e desesperados lamentos. Eu não sabia de nada do que estava acontecendo. Algumas pessoas se aglomeravam na frente do Palácio, de onde vinham esses gritos e lamentos.

Os apóstolos ouviam tudo atentamente. Aquela mulher ocupava o centro da roda. Todos prestavam a máxima atenção às palavras proferidas por Maria.

— Quando cheguei à área central, eu vi o jovem Judas Iscariotes discutindo com alguns anciãos a respeito de Jesus. Ele disse: "Eu não entreguei o Mestre por dinheiro. Ele me traiu!"

Ao ouvir essas palavras, o apóstolo Felipe gritou:

— Blasfêmia! Judas é um traidor! Isso sim!

Bartolomeu completou:

— Judas é um imundo! Ele não merece ser um dos nossos! Traidor!

No meio de tantos xingamentos e insultos, João, mais uma vez, tentou a conciliação. Mansamente, ele retomou a palavra:

— Meus irmãos, acalmai-vos! Vamos ouvir o que a nossa irmã tem a nos dizer. Ela ainda não terminou o seu relato. Vamos, Maria. Por favor, continua.

Como em um passe de mágica, os apóstolos todos silenciaram. Mais uma vez a calma e a tranquilidade do jovem apóstolo João havia vencido.

— Judas ainda falou aos anciãos: "Eu não quero esse maldito dinheiro. Jesus é um justo homem. Nada fez de mal para ser levado à morte". Mas um dos anciãos, sorrindo ironicamente, respondeu: "Que nos importa? Isto é lá contigo".

Essas últimas palavras causaram calafrios no corpo de João. Eram exatamente as mesmas que ele, João, pronunciara a Judas, momentos antes naquele monte.

Os olhos atentos dos apóstolos não se desviavam da bela figura que estava à frente deles. Mas, naquele instante, eles não estavam interessados na beleza juvenil de Maria, mas sim na comovente e triste história de Judas Iscariotes.

Ainda ofegante, ela continuou:

— Depois dessas palavras, Judas jogou todas as moedas de prata no Palácio e saiu correndo. Chorando desesperado.

Assim que acabou de pronunciar essas palavras, Maria abaixou a cabeça e, tristemente, contou o final da história que a levou até aquele monte.

— Não se sabe, ao certo, para onde Judas correu naquela hora. Mas a história que chegou ao Palácio...

Ela quase não mais falava. Apenas balbuciava estas palavras:

— É que...

Um choro tomou conta de seu ser, mas, ainda assim, ela terminou a frase:

— Judas matou-se, enforcado!

Os apóstolos surpreenderam-se.

O silêncio era assustador.

A notícia abalou a todos.

Por mais que não gostassem da atitude final de Judas Iscariotes ao entregar Jesus, ainda assim, ele era um dos seguidores do Mestre.

João não se conformou e caiu em prantos:

— Não é possível! Judas, meu irmão, por que fizeste isso?

Bartolomeu interveio:

— Por que estás chorando, João? Judas é um traidor!

— Ele não merece ser um dos nossos! — Felipe complementou.

João não concordou:

— Judas não traiu Jesus, meus irmãos!

Pedro esbravejou:

— Pare de blasfemar, João! Judas é um traidor, sim! Ele não merece nem mesmo a morte!

Os apóstolos estavam discutindo de novo.

Outra nova notícia trazia a desunião. O medo. A angústia.

Tudo era muito difícil para aquele grupo agora. Todas as forças pareciam destruídas dentro dos homens que viram milagres acontecer. Ouviram parábolas e mensagens maravilhosas e cheias de vida. Mas agora...

Enquanto Maria se despedia dos apóstolos e voltava para seu posto, João enxugava algumas lágrimas que insistiam em cair de seu rosto; levantou os braços com todas as suas forças e murmurou:

— Pai Celestial, dá-me forças para explicar a missão de Judas a esses apóstolos!

CAPÍTULO 5

Os apóstolos ainda estavam tensos, discutindo sobre a morte de Judas Iscariotes. Por mais terrível fosse a atitude impensada de Judas, ainda assim era um dos seguidores de Jesus de Nazaré.

Porém, João tentava, mais uma vez, recolocar a ordem naquele grupo:

— Meus irmãos, ontem à noite, Judas procurou-nos, todos sabem. O que não sabem é a real motivação que o levara a entregar Jesus aos sumos sacerdotes.

Aos poucos, o silêncio foi tomando conta daquele pequeno pedaço de chão novamente. Os apóstolos todos estavam agora a ouvir o que João lhes explicava com toda a calma do mundo.

Assim ele continuou:

— Judas era filho de um afortunado. Tinha, desde pequeno, acesso ao Sinédrio e ao Palácio por causa do seu pai. Lá ele ouviu e viu muitas coisas que gostaria de não ter visto ou ouvido.

João, por um momento, apertou os seus olhos e expressou todo o seu sentimento naquelas palavras. Ele realmente estava sentindo o que Judas sentira. Ele estava vendo e ouvindo muito do que Judas relatara.

Era o corpo de seus irmãos judeus que foram condenados à morte por discordarem de uma política ditatorial, de exploração e martírio. Tudo por conta do dinheiro e do poder.

Dinheiro e poder!

Essas duas palavras juntas pareciam ser o pior dos mundos. A invasão de Roma sobre a Judeia e toda a região demonstrava toda a barbárie e a imundície da política escravocrata e mesquinha que vinham assolando havia anos os homens e as mulheres nascidos naquele chão.

Judas revoltava-se por isso. Não queria mais viver esse jugo. Esse tormento. Essa impiedosa e violenta invasão sobre sua terra natal.

João tentou explicar isso tudo aos apóstolos, continuando:

— Judas juntou-se a nós por força e sugestão dos sumos sacerdotes.

Simão, o Zelote, já interrompeu João:

— Então era ele um espião? Meu Pai Celestial! Desde sempre era um deles!

João interveio:

— Não! Judas não era um deles! Ele começou a seguir os passos do Mestre para informar, sim, o Sinédrio, no começo.

Pedro não deixou João continuar:

— Simão está certo. Judas era um deles infiltrado entre nós desde o início. Traidor!

João mais uma vez tentou elucidar:

— Pedro, Judas iniciou a missão dele conosco por sugestão, sim, dos sumos sacerdotes. Mas depois, com o passar dos tempos, não mais informou nada ao Sinédrio.

Simão, de novo, rebateu:

— Como não, João! Pois foi ele que chegou a levar os guardas para prender o Mestre! Como ousas dizer o contrário? Informante, sim. Era essa a verdadeira missão dele.

Os apóstolos começaram a falar ao mesmo tempo. Todos estavam exaltados.

Tomé retomou:

— João, o que mais ouviste de Judas?

O apóstolo então reiniciou a fala:

— Judas começou a acreditar em Jesus de Nazaré. Ele pôde ver todos os milagres. Ele acompanhou todos os passos. Ouviu todos os ensinamentos do Mestre. Passou a acreditar e a respeitá-Lo acima de todos nós.

Essas últimas palavras não soaram bem naquele grupo. Os apóstolos começaram a xingar João, Judas e aquela fala.

— Judas não merece ser chamado de um dos nossos! — Mateus replicou.

— Ele era um monstro! — indignou-se Bartolomeu.

— Ele não acreditava em Jesus, não. Ele não era irmão de nenhum de nós! Falso, isso sim o designava — Simão, o Zelote, decretou.

João tentou falar de novo:

— Meus irmãos, Judas acreditou, sim, no Mestre. Ele O amava.

Pedro irritou-se:

— Blasfêmia! Isso que dizes é blasfêmia! Se ele O amava, por que levou os guardas para prendê-Lo?

Felipe concordou:

— João, Pedro tem razão! O que dizes é uma blasfêmia. Judas jamais se afastou do Sinédrio e deixou de ser informante dos sumos sacerdotes. Ele apenas esperou uma ocasião para entregar Jesus de Nazaré aos nossos opositores.

Os xingamentos aumentam. A falação ampliada e a revolta dos apóstolos com as palavras de João tornavam insustentável o diálogo entre eles.

E foi exatamente nesse momento que surgiu, de novo, a figura feminina e bela de Maria, irmã de Malco.

Por um instante, os apóstolos silenciaram ao vê-la. A saudação foi ouvida:

— A paz esteja convosco, meus irmãos!

Antes mesmo de responderem, Pedro interpelou a jovem:

— O que aconteceu, Maria? Por que voltaste até nós?

A fiel e gentil garota respondeu:

— Maria, a mãe de Jesus, solicita a presença de João junto a ela.

João chegou perto de Maria, irmã de Malco, e indagou:

— Por quê? Por que Maria me quer junto dela?

Antes mesmo que aquela moça pudesse responder, a feição daqueles apóstolos foi modificada instantaneamente. O rosto tenso e perturbado de raiva pelo episódio de Judas agora se transformou em ciúme e inveja do apóstolo João.

O que era raiva e ódio minutos antes agora era ciúme e inveja. Como aqueles apóstolos, homens seguidores do Mestre, eram seres humanos normais e iguais a todos!

Por que só ele havia sido chamado? O que teria acontecido para que os outros apóstolos não pudessem ir junto?

Porém, Maria, irmã de Malco, não saberia responder e esclarecer essa dúvida. Apenas salientou:

— Não sei! Foi somente isso que me solicitou a dizer. Peça a João para vir comigo.

Novo silêncio fez-se reinar naquele monte. Um silêncio quebrado pela voz forte de Pedro:

— Então vai, João! Corre! Segue Maria!

E João, obediente como sempre, seguiu seu caminho e foi para a casa de Maria, mãe de Jesus de Nazaré. Aquela senhora que, com a mais absoluta certeza, estava vivendo sozinha momentos de angústia, desespero e aflição.

O que esperaria João?

E o que João estaria esperando ao ver Maria?

Momentos de muita dor estavam por vir!

CAPÍTULO 6

Os apóstolos ainda estavam tensos, perambulando naquele pedaço de chão. Já fazia muito tempo que João havia saído com Maria, irmã de Malco, na direção da casa de Maria, mãe de Jesus de Nazaré. Nenhuma outra notícia havia chegado.

Aos poucos os apóstolos iam se alimentando com algumas frutas que tinham guardado naquele monte. A tensão era tanta que nem fome eles tinham, de fato. Mas se alimentar era preciso. Assim como alimentar a alma era necessário.

E André começou a orar:

— Pai Celestial, traga-nos a paz. Faça-se a Sua vontade nesta hora. Que tenhamos força e sabedoria para lidar com este momento.

Felipe continuou:

— Que possamos nós atravessar essa ponte da dúvida e da incerteza. Que o Mestre saiba o que está fazendo e que nós O sigamos em toda a Sua fé e fortaleza no que virá.

Essas palavras pareciam profetizar o martírio que Jesus de Nazaré estaria vivendo. A dor. A angústia. A tortura. O peso da cruz. A coroa de espinhos.

Esses apóstolos ali reunidos não viram nada da *via crucis* vivenciada pelo Homem a que tanto amavam e seguiam, mas, com a mais absoluta certeza, eles estavam pressentindo algo não muito agradável.

A experiência de Jesus de Nazaré naquela sexta-feira não seria esquecida tão cedo pelos apóstolos. As cenas daquele martírio talvez nunca fossem apagadas da história.

A vida terrena daquele Homem estava chegando ao fim. E somente João, daqueles doze escolhidos por Ele, estava ao Seu lado.

Uma cena solitária. Triste. Inimaginável para aqueles apóstolos.

Uma cruz. Uma coroa de espinhos. Uma espada transpassando o coração de Jesus de Nazaré, e eles, os dez apóstolos ali naquele monte, rezando e pedindo ao Pai Celestial paz, fé e fortaleza aos seus corações.

Que linda oração faziam quando João retornou em pranto ao meio deles.

Pedro, extremamente assustado, perguntou:

— João, por que choras?

O apóstolo mais jovem do grupo não conseguia abrir a boca. As lágrimas caíam, desabavam de seu rosto. E ele não conseguia falar.

Pedro insistiu:

— O que houve? Conta-nos tudo, João. Por clemência!

João murmurou, entre soluços:

— Acabou! Acabou! Acabou!

Pedro irritou-se ainda mais:

— Acabou o quê? O que houve?

João estava sem forças para pronunciar o que vira. Estava sem fala para explicar o que ocorrera. Com imensa dor em suas palavras, assim ele balbuciou:

— O Mestre está morto! Jesus de Nazaré foi crucificado agora há pouco!

O silêncio de milésimos de segundo transformou-se em horas de pranto, choro, lágrimas e gritos. O coração daqueles apóstolos estava arruinado. A mente estava destruída!

O que temiam havia acabado de acontecer. Jesus de Nazaré estava morto e enterrado. O líder a quem tanto amavam fora colocado em uma cruz, torturado até o fim e morto como um criminoso. Sem nenhuma chance de defesa e de perdão!

Depois de algum tempo, já com a lua a reinar no céu de novo, Pedro perguntou a João:

— Como tudo aconteceu? Explica-nos: por que o Mestre foi morto? Qual a sentença real? Como foi?

João ainda não estava pronto para contar nada. Mais nada ele conseguiria dizer naquele momento. Seus olhos encharcados de lágrimas expunham toda a dor e tristeza que estava sentindo.

Tiago de Zebedeu, seu irmão, interpôs-se diante de Pedro e pediu a ele para deixar João sozinho, descansar e dormir um pouco.

— Pedro, vê como está o pobre João. Deixa-o descansar um pouco. Ele nem sequer dormiu a noite passada.

Pedro esbravejou:

— Mas nem nós, Tiago! Ninguém conseguiu dormir ontem à noite! Nem hoje! Como acha que passamos todo esse dia?

Tiago, calmamente, insistiu com Pedro:

— Meu irmão, vamos deixar João dormir! Assim que descansar um pouco, ele acordará e nos contará. Não vês quanto ele está sofrendo?

Pedro retrucou:

— E nós? Também achas que não estamos sofrendo?

— Sim! Eu sei quanto todos nós estamos sofrendo. Já choramos muito, e muito ainda temos a chorar, sim. Mas pensa: de nós todos, apenas João estava lá e viu tudo o que aconteceu. Deixa que ele nos conte mais tarde tudo o que viu e sentiu.

Pedro parecia, agora, silenciar e aceitar o argumento de Tiago de Zebedeu.

Devagar, Pedro saiu daquele pedaço de chão e deixou João e seu irmão Tiago a sós.

Quando já tinha andado uns quatro ou cinco passos, Pedro olhou para trás e viu João encostado em Tiago já adormecendo.

E assim, em silêncio e junto de seu irmão de sangue, João pôde, enfim, dormir por alguns longos momentos.

CAPÍTULO 7

— Acorda, João!

Aquela voz soava familiar.

Tiago de Zebedeu, seu irmão, tentava acordar João, já que aquele triste sábado estava amanhecendo e o apóstolo continuava a dormir.

Tiago e os outros nove apóstolos estavam ali perto, esperando este momento, para ouvirem de João tudo o que havia acontecido com o Mestre no dia anterior.

Eles, mais uma noite, mal dormiram. Apenas cochilaram em meio a prantos, lembranças e desespero.

João abriu os olhos, ainda inchados de tanto chorar, e viu seu irmão de sangue e todos os seus irmãos de fé ao seu redor. Todos o olhavam atentamente.

João entendeu, e começou a falar:

— Que dor passamos nós ontem!

Os apóstolos amontoaram-se e sentam-se mais perto de João para ouvirem o relato da dor!

— Chegamos eu e Maria, irmã de Malco, à casa de Maria, mãe de Jesus, e assim que ela me viu caiu em prantos.

Felipe também começou a chorar nessa hora.

Maria era uma senhora sofrida. Humilde. Simples. Porém poderosa e determinada. Era bem magra e alta. Seu rosto era fino e delicado. Cabelos negros e compridos estavam escondidos embaixo do véu que lhe cobria parte deles. Olhos bem negros e profundos mostravam um vigor pouco visto naquelas mulheres de seu tempo. Maria, realmente, era diferente. Ela emitia uma energia muito forte, uma luz capaz de ser sentida a quilômetros de distância.

— Ela estava inconsolável e sozinha. Ninguém estava lá com ela. Eu cheguei e não sabia o que estava ocorrendo. Ela então me disse que Nicodemus, antigo amigo dela e um admirador de Jesus de Nazaré, havia mandado um mensageiro dizer que o seu filho estava sentenciado à morte!

Simão, o Zelote, interveio:

— Mas, João, Nicodemus faz parte do Sinédrio. Ele não é admirador de Jesus, não! Ele também deve ter sido um dos carrascos do Mestre!

João interpelou Simão:

— De forma alguma! Nicodemus jamais seria capaz de ir contra Jesus. Ele, sim, era um admirador do Mestre no meio do Sinédrio. Talvez somente ele e José de Arimateia.

Pedro, desesperado, rebateu:

— Mas o que nos importa isso? Vamos, continua João!

— Pois bem. Saímos eu e Maria, mãe de Jesus, até a frente do Palácio. Segundo informação mandada por Nicodemus, era lá que estava Jesus de Nazaré.

João fez uma pequena pausa.

— Havia uma multidão naquele local gritando: "Soltem Barrabás. Soltem Barrabás".

— E quem é Barrabás? — perguntou Tomé.

Antes mesmo de João respirar, Simão, o Zelote, extremamente bem informado, respondeu:

— Barrabás é um bandido, um criminoso, revestido de rebelde e revolucionário. Um líder mesquinho que incomoda Roma, mas muito idiota e imbecil. Um ladrão de pouca valia.

João retomou:

— Então Pilatos pergunta à multidão se soltaria Jesus de Nazaré, porque não vira nenhum motivo para condená-Lo à morte, ou libertaria Barrabás. E o povo gritava para soltar Barrabás.

Simão, o Zelote, interrompeu a fala de João:

— Meus irmãos, com certeza alguns sumos sacerdotes pediram aos seus parentes para fazerem isso. Pouquíssimas pessoas sabem quem é Barrabás. Por que o povo estaria lá para defendê-lo?

— Simão tem razão. O Sinédrio colocou ali falsas testemunhas para condenarem Jesus. Não importaria quem o governador libertaria nessa Páscoa — Mateus interpretou.

Mateus sabia que era tradição soltar algum preso nas festividades que antecediam à Páscoa judaica. Para ele, Roma alegrava o povo judeu mandando soltar algum representante seu durante esse período.

Aliás, era assim que Roma ainda detinha o poderio em toda aquela extensa área demográfica: uma vez por ano, concedia aos filhos da terra uma chance de libertarem alguma voz que clamasse contra o poderio do Imperador e seus mandatários.

Não seria nenhuma novidade quererem matar alguém mais poderoso como Jesus de Nazaré do que um simples revolucionário como Barrabás.

A história do rápido, injusto e controvertido julgamento do Nazareno estava chegando aos capítulos finais. Mas muita dor ainda estaria por vir.

E os apóstolos estavam ali para ouvir o relato, que João retomou:

— Diante da aclamação daquelas pessoas que ali à porta do Palácio estavam, Pôncio Pilatos lavou as mãos e disse: "Não vejo mal algum nele, mas, se vós quereis a crucificação, que assim seja".

Bartolomeu indagou João:

— Mas qual, então, foi a motivação da morte do nosso Mestre?

— Pilatos escreveu "Este é o Rei dos Judeus" na tabuleta de condenação — João respondeu. Alguém do povo ainda questionou: "Mas ele não é nosso Rei". Outro bradou: "Isso foi o que ele falou, e não nós!"

Os apóstolos estavam todos muito tristes.

— Mas Pilatos foi incisivo: "O que escrevi está escrito". Portanto, segundo a lei romana, o crime de Jesus de Nazaré foi se autoproclamar Rei. Nem eu nem Maria, sua mãe, O vimos ou ouvimos sequer uma palavra d'Ele naquele momento. Mas um senhor a quem indagamos o que ocorrera nos minutos antes de chegarmos lá afirmou que o Nazareno disse ser Rei dos Judeus.

Tomé não se conformou:

— Não é possível. Não acredito que o Mestre tenha dito tal blasfêmia! Ele sabia que se autoproclamar Rei seria motivo suficiente para O condenarem à morte! Não acredito!

Os apóstolos começaram a falar ao mesmo tempo. Eles não acreditavam, mesmo, naquilo que ouviam de João. Os últimos momentos de vida de Jesus de Nazaré estavam os deixando mais abalados e mais perdidos.

E, com certeza, ainda ouviriam mais tristezas, angústias e decepções.

A divina missão estava se encerrando. Ou, melhor, estava mudando de etapa, mas esses apóstolos nunca imaginariam o que estaria por vir no outro dia, um domingo memorável.

Por enquanto, a dor viva era o sentimento de todos naquele monte. Jesus de Nazaré, o líder a quem seguiam obedientes, estava morto. Crucificado entre dois ladrões!

João retomou:

— Maria e eu subimos para outro local, longe dali, para respirarmos um pouco. Foi quando encontramos Maria Madalena. O encontro daquelas duas foi exuberante. Até agora, quando me lembro, sinto toda a energia daquele abraço. Que cumplicidade havia entre elas. Uma lealdade que jamais imaginaria presenciar!

Maria Madalena era uma mulher extraordinária. Uma "pecadora sem pecado", na descrição de Maria, mãe de Jesus. Uma serva de Deus, extremamente agradecida a Ele pela existência da segunda chance.

Pouquíssimas pessoas têm esta oportunidade: rever e assumir os erros do passado e viver de forma diferente a partir dali. Uma mudança significativa. Um renascimento. Uma nova vida.

Maria Madalena havia fugido de seu casamento. Não mais aguentara tanta violência de seu marido. Tornara uma "adúltera" sem um segundo homem. Ela não era prostituta. Não era amante de mais nenhum homem. Ainda que Maria a quisesse como nora!

E Jesus de Nazaré foi a causa, a cura e a realização de todo o processo vivido e experimentado por Maria Madalena. Além de extraordinária, uma mulher lindíssima. Alta. Magra. Cabelos longos e negros. Olhar forte. Poderoso. De uma tonalidade castanha vívida e marcante. Lábios bem torneados e um sorriso meigo e gentil. Porém, muitas vezes, também forte e decisivo.

Aquelas duas mulheres, com a mais absoluta certeza, estariam juntas até o fim do martírio de Jesus de Nazaré, o homem a que tanto amavam.

Amor transcendental. Sem preconceitos. Livre de todas e quaisquer amarras. Que quase ninguém saberia explicar ou sentir! Mas assim o era!

Amor incondicional! De outro mundo! Outra dimensão!

A lembrança daquele abraço fez João pausar e chorar por alguns instantes, antes de retomar:

— Quando enfim pudemos nos assentar um pouco, ouvimos gritos e xingamentos vindos de outra via. Corremos para lá e vimos um homem todo ensanguentado carregando uma cruz. O vermelho líquido era tanto que mal podíamos ver sua face. E, de repente, ó, meu Pai Celestial, vimos que era Jesus de Nazaré! Quase nu, sendo açoitado, com uma coroa de espinhos na fronte. Sangue por todo o seu corpo. Os braços mal conseguiam segurar o tronco da cruz!

Os apóstolos todos, sem exceção, começaram a chorar. Choro destemperado. Choro copioso. Choro sentido. Choro de dor!

E eles nem lá estavam. Não presenciaram nada dessa experiência dolorosa e comovente vivida pelo Mestre. Só ficaram sabendo disso porque João acompanhou todo o momento trágico e desesperador e agora estava contando em detalhes.

— Maria, mãe de Jesus, apoiou-se em Maria Madalena para não cair naquele lugar. Seu rosto empalideceu imediatamente. Suas mãos tremiam, e lágrimas sofridas caiam de seus olhos fundos. Maria Madalena chorava baixinho, talvez para confortar e demonstrar força naquela hora. Mas não conseguia esconder tamanha dor. Eu me ajoelhei perto da mãe de Jesus e segurei forte na sua mão fria, gelada, enquanto muitas e muitas lágrimas caiam do meu rosto.

Aquela cena relatada por João aos apóstolos chocava e trazia a real dimensão da dor vivida por todos. O homem a quem tanto amavam, líder forte, com voz poderosa, fazedor de milagres, capaz de retirar da cova da morte o irmão Lázaro, agora era tristeza e agonia, carregando uma cruz pesadíssima por uma via naquela cidade.

Essa cena era de emocionar qualquer cidadão do bem. Quanto mais aqueles que o seguiam havia tanto tempo! Eles viram os milagres, estavam presentes na ressurreição de Lázaro, ouviram os ensinamentos, aprenderam tanto com aquele homem!

Agora, parecia que nem homem mais era. Apenas um farrapo de pessoa, um corpo lutando contra o tempo em torturas intermináveis.

Ele havia apanhado. Tinha sido cuspido. Tiraram e rasgaram suas vestes. Fizeram-No carregar a própria cruz em que seria crucificado.

Meu Deus!

O sofrimento da lembrança dolorida fez João se assentar um pouco e chorar bem mais. Os apóstolos, sem exceção, entenderam e respeitaram aquele momento.

Todos também choravam.

A dor era visível e transparente naqueles homens seguidores de Jesus de Nazaré que, a partir de agora, com a mais absoluta certeza, estavam à sombra do Mestre.

Estavam sozinhos. Perdidos. Sem rumo. Sem direção.

Apenas a dor e o sofrimento pareciam fazer sentido àquela hora.

E assim o tempo correu naquele sábado. Os apóstolos pouco a pouco iam se acalmando. Parando de chorar. Até tentavam comer algumas frutas, mas nada, nada descia. Nada os fazia se alimentar de forma digna.

A mesma dignidade que Jesus já não tinha.

Aquele caminho percorrido, aquela via toda até chegar ao Monte Gólgota, seria lembrado por muitos e muitos séculos.

Depois de algum tempo, João retomou o comovente relato:

— Quando Jesus de Nazaré estava chegando perto do local onde estávamos, Maria, sua mãe, pediu para sairmos dali para não vê-Lo. E assim o fizemos. Subimos antes ao Monte Gólgota, onde os condenados são crucificados. O sol estava forte. Ardia. Ninguém estava lá quando chegamos. Apenas uns guardas aguardando e ajeitando o local.

Como o tempo demoraria a passar.

Principalmente para Jesus de Nazaré. O sofrimento d'Ele era evidente, e o relato era essencial para aqueles jovens de fato conhecerem o Mestre a quem seguiam. Um homem poderoso, mas, ao mesmo tempo, frágil e sem poder se defender. Uma pessoa definhando pela dor!

Ah, a dor!

Aquelas palavras de João tomavam conta daquele pequeno monte onde os apóstolos estavam escondidos. Todos estavam atentos.

João recomeçou:

— Não demorou tanto assim para alguns curiosos chegarem àquele local. Jesus de Nazaré também estava perto do monte, onde alguns guardas já o esperavam. Que cena angustiante. O Mestre estava entregue, muito cansado e cheio de dor. Seus olhos quase já não enxergavam mais, de tão inchados que estavam.

Os apóstolos mais uma vez estavam chorando. Perdido em seu pensamento, Pedro ainda indagou:

— Ninguém ajudou o Mestre com a cruz? Ele fez todo o trajeto do Palácio até o Monte Gólgota carregando sozinho o lenho da Sua própria cruz?

João respondeu:

— Houve momentos em que um outro homem foi obrigado a carregar a cruz também. Mas, de fato, Jesus levou sua cruz nos ombros por quase todo o trajeto.

Pedro indignou-se:

— Eu deveria estar lá! Era eu quem deveria levar aquela cruz para o Mestre! Talvez só assim Ele me perdoaria por tê-Lo negado! Eu! Eu! Eu!

Simão, o Zelote, mais uma vez demonstrou o seu conhecimento sobre o poderio romano:

— Não, Pedro. Tu jamais carregarias aquela cruz. Se lá estivesse, com certeza a prisão seria sua morada! Os guardas não te deixariam solto na via!

João recomeçou a história trágica:

— Meus irmãos, o pior ainda estava por vir! Quando Jesus de Nazaré chegou àquele lugar, tiraram a cruz de suas costas, colocaram-na no chão e deitaram-No naquele lenho. Amarraram-lhe os punhos e os calcanhares e enfiaram imensos pregos nas Suas mãos e nos Seus pés!

Ah, que dor!

Que dor os apóstolos sentiam só de ouvirem o relato de João, o único seguidor do Mestre que estava presente no momento mais intenso e pavoroso da história. E, ainda assim, porque fora Maria, a mãe do próprio crucificado, quem pedira para João estar junto dela.

Quando João ia retomar a história, Tiago de Alfeu perguntou:

— Meu irmão, como Maria se comportou naquela hora, vendo o seu próprio e único filho ser pregado a uma cruz?

Lágrimas tristes começaram a rolar de novo do rosto de João, o apóstolo mais amado. Ele silenciou por alguns instantes.

— Eu nunca esperaria ver uma cena daquelas. Sinto até agora a dor de Maria! Não sei dizer como ela conseguiu ficar ali, à mercê da dor profunda de Jesus de Nazaré!

Tomé perguntou:

— Maria viu os guardas furando as mãos e os pés de seu filho com os pregos?

— Viu!

A resposta simples e monossilábica de João calou a todos mais uma vez. A narrativa daquela cena perturbou os apóstolos e sensibilizou-os igualmente. O choro de todos era de cada um também!

Assim como as dores são até hoje: individuais e de todos ao mesmo tempo!

— Quando levantaram a cruz em que se encontrava Jesus de Nazaré e a fixaram no chão, foi a vez de Maria Madalena gritar e chorar. Como ela estava sofrendo também!

Dos conhecidos, amigos e parentes, somente João e aquelas duas mulheres estavam aos pés de Jesus de Nazaré!

A solidão vivida pelo Filho do Homem, o Deus Vivo na Terra, parecia nunca acabar. A dor era insuportável. O Seu corpo estava estendido em uma cruz. Havia sangue por todo o lado. Na cabeça, uma coroa de espinhos, que ainda se enfincava devagar. Apenas um pedaço de Suas vestes lhe cobria o órgão genital. Nada mais havia ali.

Não mais havia a força física do líder que falava às multidões. Não havia mais o vigor poderoso de Sua voz, que respondia aos insultos por meio de parábolas e ensinamentos. Não havia mais a cura pelas Suas mãos, pois agora estavam presas e perfuradas por pregos em uma cruz.

Ah, essa cruz!

Essa cruz que viraria um símbolo universal e conhecido em todo o planeta por séculos e séculos! Um estigma que mataria tantos e salvaria outros montes. A real sensação de vida e morte de novo revivida por meio desse sinal!

Mas, em meio a toda a dor e a solidão, já definhando e morrendo, Jesus de Nazaré ainda concluiria Seu papel terreno como homem ensinando e ditando sete preceitos. Sete mensagens de fé e esperança! Sete! Como esse número é maravilhoso!

— E quando enfim Jesus de Nazaré se vê naquela cruz, com os olhos entreabertos, balbucia: "Pai, perdoai-lhes! Eles não sabem o que fazem!" Parecia que o Mestre estava resumindo toda a Sua trajetória naquela frase. Os guardas riam. Alguém do povo ainda gritava: "Salva-te a ti mesmo, Rei dos Judeus!" Outro zombava: "Se é verdade que curou a tantos, por que não se solta daí e te curas, também?"

Aquelas palavras desses curiosos eram ouvidas pelos apóstolos como sentenças negativas, como energias frágeis, como falsidades cheias de desprezo. Afinal, esses espectadores não haviam visto Jesus de Nazaré pregando, ensinando e curando, de fato!

Eles jamais suporiam o poder que detinha aquele homem!

E, por mais incrível que possa parecer, no meio desses insultos, soaria uma voz de esperança, fé e arrependimento. Alguém que estaria reconhecendo o poder de Jesus de Nazaré!

— Naquele instante, outro crucificado olha mansamente para o Mestre e fala-lhe: "Não dê ouvidos a eles. Tu tens razão quando falas que eles não sabem o que fazem!" O outro crucificado rebate o primeiro: "Quem és tu para falar assim? Tu também não sabes fazer nada, a não ser roubar!"

Tomé interferiu:

— Mas, João, quantos foram crucificados com Jesus de Nazaré?

— Jesus e mais dois.

Era comum a crucificação naquela época. O que não era: um julgamento apressado, extremamente rápido e controvertido como fora o de Jesus de Nazaré. Um julgamento sem direito de defesa. Sem inclusão de testemunhas. Sem definição concreta e real da motivação do crime condenável à morte.

Na tabuleta de condenação estava escrito: "Este é o Rei dos Judeus". Nada além disso. O suposto crime era se autoproclamar Rei nas terras onde quem dominava era o imperador romano. Mas, mesmo assim, Jesus não se referia a este mundo. A estas terras. A este reino!

Enfim...

João continuou:

— Com essa afirmação do segundo crucificado, o primeiro rebateu: "Sim, nós somos ladrões, nós sabemos por que estamos presos nestas cruzes. Mas Ele não! Ele não tem crime algum".

Judas Tadeu, até então muito calado, perguntou a João:

— Esse ladrão conhecia o Mestre? Pareceu falar com convicção tal assertiva!

— Judas, eu não sei quem era aquele crucificado. Mas, com certeza, era um judeu autêntico e religioso. Ele olhou para Jesus e falou: "Irmão, lembra-te de mim no Paraíso!" Dito isso começou a chorar, arrependido que estava de seus crimes.

Os apóstolos estavam atentos. Tomé, com muita ansiedade, quis saber:

— E qual foi a resposta do Mestre, João?

— "Em verdade vos digo: hoje mesmo estarás comigo no Paraíso!" — relembrou João.

O silêncio fez-se reinar por breves momentos naquele local novamente. Os apóstolos ficaram pensativos. As palavras de Jesus de Nazaré batiam forte no coração daqueles seus seguidores.

O tempo/espaço estava vencido naquele decreto do Mestre, quando se afirmou que "ainda hoje" aquele homem estaria com Ele no "Paraíso". Até que ponto aqueles seguidores de Jesus de Nazaré perceberiam a profética frase que colocaria o "hoje" como definição de eternidade e o "Paraíso" como inclusão de morada do Pai?

Ah, esse tempo/espaço!

Que loucura!

Aliás, loucura também poderia parecer a continuidade da história, que João relembra:

— Meus irmãos, logo em seguida a essa frase do Mestre, Ele dirige o Seu olhar para nós. É a primeira vez que Ele nos vê! Que olhar de dor! E, mesmo assim, Ele prediz à Maria, sua mãe: "Mulher, eis aí o teu filho!" E em seguida olha fixamente em mim e ordena: "Eis aí a tua mãe!"

Nessa hora, João caiu em prantos. Ele se ajoelhou e chorou copiosamente. A lembrança daquela cena era impactante. Mesmo sentindo toda a dor da crucificação, Jesus de Nazaré ainda pensou e recriou a vida daquele apóstolo.

Entregar Maria, sua mãe, a seu discípulo mais amado era saber que essa troca, essa substituição, fortaleceria a Sua tese de que "todos somos irmãos" nesta vida.

— Até na cruz o Mestre nos ensina! — disse João.

Os apóstolos ficaram assustados, é verdade. Alguns, como Pedro, sentiram ciúmes. Outros sentiram amor por Maria. O fato é que essa frase começava a gerar uma discussão naquele grupo.

— Mas por que o Mestre entregaria a Sua própria mãe para ti, João? — Mateus perguntou.

— Por que tu, e não nós todos? Seríamos nós esquecidos por Ele? — Felipe completou.

E assim outro e outro apóstolo falaram em cima daquele diálogo, que mais parecia uma guerra de egos. Um conflito de pensamentos mesquinhos. Um embate de sensações mundanas e desprezíveis!

Ah, o ciúme!

Aos poucos a hesitação daqueles homens ia diminuindo, e o motivo principal da conversa que estavam tendo voltou ao círculo central. O martírio de Jesus de Nazaré era o que, de fato, merecia atenção.

— O Mestre estava sofrendo demais — João prossegue. A dor era terrível. O Seu corpo estava deteriorando. O sol era muito forte naquele horário, e já havia passado muito tempo que estava estirado naquela cruz. Os Seus olhos já não se abriam. O Seu esforço estava chegando ao fim.

João fez uma pequena pausa e retomou a história:

— E, de repente, ainda nesse estado deplorável, o Mestre gritou com todas as forças que lhe restavam: "Pai, Pai, por que me abandonaste?"

Nessa hora João começou a chorar. Ele relembra que foi a mesma frase que ele, João, pronunciara na noite anterior, quando Pedro se retirou do meio deles no Monte das Oliveiras.

Que sensação de dor! Que coincidência a repetição das frases! João estava vivenciando a divina missão até nas palavras antecipadas!

"Que sensação estranha!", pensava João.

Os apóstolos estavam atentos. Ouviam tudo com atenção. Aquele martírio de Jesus de Nazaré trazia à tona todo o sofrimento humano por que o Deus Vivo teve de passar aqui na Terra. Mesmo ciente de toda a dor da passagem, o Mestre sentia-se só e abandonado pelo Pai Celestial! Por isso o grito desesperado.

Todos os apóstolos sentiram um enorme vazio também, nessa hora. Era como se essa frase se repercutisse e ampliasse neles o seu alcance. Também eles se sentiam sós e abandonados.

Bartolomeu foi o primeiro a desabafar sobre isso:

— Eu também me sinto só e abandonado.

— O Pai Celestial, além de abandonar o Mestre, abandonou-nos também! — complementou Felipe.

A sensação de desespero tomou conta de todos aqueles seguidores de Jesus de Nazaré, a ponto de falarem sem parar sobre esse assunto do abandono.

As vozes misturaram-se. As ideias eram discutidas e refletivas entre eles. Mais uma vez a desorganização tomou conta daquele lugar, e os sons espalharam-se com a força de um vento norte que teimava em passar.

Mais alguns minutos, e a aparente paz retornou ao Monte das Oliveiras.

João continuou com a sua oratória:

— Maria Madalena estava inconsolável. Maria, mãe de Jesus, a seu lado, chorava demais. Foi nesse momento que o Seu filho a olha pela última vez! E pronuncia mais uma frase: "Tenho sede!"

Tiago de Alfeu ficou desesperado ao ouvir essa mensagem. Chorou feito criança. Pedro aproximou-se:

— O que está havendo? Por que choras tanto?

A resposta veio do fundo de sua alma:

— Eu sonhei esta noite com o Mestre. E nesse sonho Ele me pedia água! Estendia-me a mão direita e pedia água!

E o choro aumentava.

Mais alguns instantes, e João continuava aquela história, que parecia não ter fim:

— Então um guarda observou que havia uma botija cheia de vinagre. Pegou uma esponja, encharcou-a nessa bebida e estendeu sua lança até chegar à boca de Jesus de Nazaré. O Mestre bebeu um pouco e exclamou já com pouca voz: "Tudo está consumado!"

O relato de João era minucioso. Parecia não ter esquecido nenhum detalhe daquele triste e trágico dia. O vinagre que ficara perto dos crucificados servia como anestésico, quando misturado a fel.

Tiago de Alfeu, ainda em transe, falou:

— E não Lhe deram água! Pai Celestial, por que abandonaste o Mestre! Nem água Lhe ofereceram! Por isso pedia água para mim em sonho!

E mais uma vez caiu em prantos!

Pedro queria saber do desfecho daquele martírio vivido pelo homem a quem tanto amava, admirava e obedecia:

— João, foi aí que o Mestre morreu? Foi nesse momento?

— O Mestre ainda virou Seu rosto para o outro lado e murmurou: "Pai, em tuas mãos entrego o meu espírito!" Essas foram as Suas últimas palavras!

O silêncio, o choro, o desespero, o abandono, o grito, tudo agora se misturava naquele triste e melancólico pedaço de chão.

Todos os apóstolos de Jesus de Nazaré estavam afetados pela história revivida e recontada por João. Ninguém podia imaginar que o grande líder estava morto! Eles realmente estavam agora à sombra do Mestre!

Não conversariam nunca mais com Ele. Não ouviriam Seus conselhos. Os sermões. Nunca mais veriam milagres por aquelas terras. Perderiam a essência daquele que ensinou o amor.

Ah, o amor.

"Amai-vos uns aos outros como eu vos amo!"

Esse, sem dúvida, um dos maiores ensinamentos de Jesus de Nazaré. A frase que melhor o identificava. Aquele que amou! Que se doou! Entregou a face direita a quem esbofeteou a esquerda!

E agora estava morto! Tanto sofrimento. Tanta dor para nada? Essa e outras perguntas insanas seriam respondidas em breve!

Por ora, os apóstolos ajeitavam-se em seus lugares, ao tronco de alguma oliveira por perto. Alguns andavam de um lado para outro sem parar. Outros estavam deitados ao relento. Pedro estava em pé, solitário. Mateus estava sentado orando. João estava em um canto, encostado em seu irmão Tiago.

Por alguns momentos, a calma reinaria ali.

E, nesse clima silencioso, João acabou dormindo mais um pouco.

CAPÍTULO 8

— Acorda, João! Acorda!

Essas palavras pareciam soar em seus ouvidos feito um sino de uma catedral!

Pedro estava agoniado e ansioso para acordar o apóstolo João. Tinha mais alguém ali além dos onze!

João acordou assustado, e viu Maria Madalena à sua frente. O domingo estava amanhecendo, e já havia raios de sol naquele monte.

Pedro não se contentou:

— Ouça, João! Ouça o que a nossa irmã veio nos contar!

João ouviu atentamente o que a ofegante Maria Madalena relatou:

— Logo pela manhã, fui ao túmulo de Jesus de Nazaré, já que na noite da Sua morte Nicodemus e José de Arimateia não nos deixaram ir, lembras?

Essa lembrança agora lhe veio à mente novamente. Por alguma razão João não havia comentado esse final com os apóstolos.

Assim ele retomou a fala:

— Isso mesmo! Quando Jesus de Nazaré proferiu aquelas últimas palavras, entregando o Seu espírito ao Pai, ainda os outros crucificados estavam se martirizando. Não haviam morrido. Somente o Mestre estava morto naquela cruz.

Os apóstolos todos estavam ao seu redor. Maria Madalena olhou fixamente para João e esperou que ele contasse pelo que passaram. E assim ele o fez:

— Então Nicodemus pediu autorização aos guardas e ao Sinédrio para retirar o corpo de Jesus daquela cruz e enterrá-lo ainda naquele dia, por causa dos preparativos da Páscoa judaica. Mas a hora estava adiantada. E nem túmulo tinham.

Maria Madalena continuou:

— Maria, mãe de Jesus estava tão triste e tão desamparada que nada mais parecia fazer sentido. Então Nicodemus chegou com José de Arimateia. Esse último homem disse a Maria que poderiam enterrar Seu filho no túmulo dele. O Sinédrio e os guardas haviam autorizado. E ele tinha um local próprio e já pedira para aprontarem tudo naquela cova para enterrarem Jesus de Nazaré. Maria chorou demais e agradeceu muito por aquele gesto. Jesus morto estaria em um lugar apropriado, pelo menos!

A cena que Maria Madalena e João viram em seguida àquele diálogo era, talvez, a mais emblemática da história!

A *Pietà* de Michelangelo em sua forma original!

Jesus de Nazaré foi retirado da cruz e colocado no colo de Maria, Sua mãe, para a despedida!

Os apóstolos todos, sem exceção, estavam a chorar de novo! A tristeza bateu forte naqueles homens seguidores do Mestre!

Pedro não deixou mais ninguém em paz e dirigiu-se a João:

— Ouve, meu irmão! Ouve agora o que Maria Madalena veio nos contar!

Maria Madalena retomou a palavra:

— Depois que retiraram Jesus da cruz, colocaram-No no colo de Maria, Sua mãe, para o beijo final, e saímos todos dali. Eles limparam o corpo, envolveram-No em um lençol de linho, puseram-No no túmulo de José de Arimateia e rolaram a pedra como de costume.

Maria Madalena estava narrando a conversa que teve com Nicodemus, ainda de manhã. Ela queria ir ao túmulo de Jesus de Nazaré, mas não sabia onde era. Por isso, procurou Nicodemus, que lhe contou o que fizeram e onde colocaram Jesus morto.

— Cheguei ao túmulo de Jesus e vi que a pedra não estava trancando aquele local, como Nicodemus havia me falado. Olhei lá dentro e não vi corpo algum. Apenas o pedaço de linho estava lá!

João olhou fixamente a Maria Madalena:

— Tens certeza disso, minha irmã?

— Sim. Não havia nenhum corpo naquele túmulo.

Os apóstolos olharam fixamente para João. A feição de espanto do jovem apóstolo e sua atitude marcariam aquele momento memorável.

— Vamos até lá! — respondeu ele, em alto e bom tom.

Simão, o Zelote, interpelou-o:

— Acalma-te, João. Esse pode ser um plano do Sinédrio para nos atordoar. Podem ter retirado o corpo de lá para evitar aglomerações nesses dias. Vamos esperar!

João rebateu:

— Esperar? De novo? Já não achas que devemos ir ao encontro do Mestre? Ele está morto agora! Não podemos ficar aqui escondidos para sempre! Temos de saber ao menos onde colocaram o corpo d'Ele!

— Isso mesmo, João tem razão. Vamos lá, João. Vou contigo saber o que aconteceu! — Pedro concordou.

Bartolomeu sugeriu:

— Acho melhor ficarmos aqui! Vamos esperar!

— O melhor a fazer é ficarmos aqui, ainda, por um tempo. Vamos aguardar — Simão, o Zelote, também manifestou.

Pedro, porém, estava impaciente:

— Não sei quem irá comigo, mas eu já estou indo ver o que aconteceu!

E assim saiu correndo. Maria Madalena também saiu correndo atrás de Pedro. João olhou para todos os apóstolos naquele monte e saiu em disparada.

Os três estavam indo em direção ao desconhecido. Em busca do improvável. Na constatação do maior e mais sagrado milagre da humanidade. Esses três estavam diante do mais famoso fato da história!

A ressurreição de Jesus de Nazaré!

Pedro chegou primeiro àquele local. E nada viu mesmo. João também chegou e nada viu. Apenas o lençol, como Maria Madalena havia relatado.

Aliás, Maria Madalena demoraria um pouco a chegar. Ofegante, ela encontrou um jardineiro pelo caminho, que lhe perguntou:

— O que procuras?

Maria Madalena mal conseguia falar por causa do cansaço daquela corrida matinal:

— Fui ao túmulo de Jesus de Nazaré... e não... encontrei o corpo d'Ele!

O jardineiro expressou mais uma frase:

— Quem procuras?

— Jesus de Nazaré! — respondeu Maria, sem nem ao menos olhar com cuidado para aquele jardineiro, que emitia uma luz brilhante, diferente de tudo que ela jamais poderia visualizar.

Ela, então, ao responder, parou e voltou o seu olhar para os olhos do jardineiro. Espantada, ela gritou:

— Jesus de Nazaré?

E o jardineiro respondeu:

— Maria!

Meu Deus!

Que cena essa agora! Maria Madalena viu Jesus de Nazaré à sua frente! Aquele homem com roupas de jardineiro poderia enganar todas e quaisquer pessoas. Menos Maria Madalena!

Ela foi se aproximando, e, antes que esticasse os braços para poder apertar Jesus, este falou:

— Maria, sou eu! Mas não me toca, porque ainda não subi ao Reino do Pai Celestial! Eu disse que em três dias reconstruiria o Templo... o Templo é o seu, o meu, o nosso coração, Maria!

Aquela mulher estava radiante! Eufórica! Feliz!

Mas, antes mesmo de pronunciar qualquer frase ou esboçar um novo sorriso, aquele homem disse:

— Vai, Maria! E conta o que ouviste de mim!

E, com a saudação de praxe, Ele despediu:

— A paz esteja contigo, minha irmã!

E assim Jesus de Nazaré desapareceu diante de Maria Madalena! A luz foi se apagando, até que mais nada ela viu!

"Jesus de Nazaré está vivo!", ela pensou.

E correu em direção a João e Pedro para lhes dar a boa nova! Jesus ressuscitado apareceu primeiro a uma mulher! Como esse Homem continuava a ensinar, mesmo depois de toda a Sua trajetória terrena!

Quando, enfim, Maria Madalena encontrou os dois apóstolos à porta do túmulo onde supostamente Jesus deveria estar, ela gritou com todas as suas forças:

— Jesus de Nazaré está vivo! Eu O vi!

Pedro começou a gritar também:

— Estás louca, Maria Madalena!

João espantou:

— Como? O que tu dissestes?

E Maria, toda sorridente e feliz, relatou:

— Eu O vi! Conversei com Ele! Está vivo indo para a casa do Pai Celestial!

— Que loucura é essa Maria! — repreendeu Pedro.

João, porém, queria saber de mais detalhes:

— Conta-me, Maria! Como ocorreu tal fato? Como tens certeza de que o nosso Mestre está vivo?

Ela então contou a história do jardineiro, mas Pedro não acreditou. Resmungando, ele falou:

— Isso é loucura! Tu confundiste! Jesus de Nazaré jamais se passaria por um jardineiro! E Ele teria aparecido a nós também! Por que só tu conseguiste vê-Lo?

Maria Madalena emudeceu.

João, pensativo, rebateu o que Pedro acabara de pronunciar:

— Pedro, não O renega de novo! Confia no nosso Mestre! Eu acredito em ti, minha irmã! — falou João, voltando-se para Maria Madalena.

Essa figura feminina então abraçou João e chorou copiosamente. Era uma sensação de alegria misturada com desconfiança. Uma certeza de que estava contando a verdade e que alguém acreditava nela! Justamente ela! Uma pecadora! Por mais que soubesse que tivera uma segunda chance, a sua vida regressa trazia-lhe muita dor e arrependimento!

E foi justamente ela a primeira a ver Jesus de Nazaré ressuscitado!

O Homem venceu a morte!

E os três saíram dali emocionados. Cada qual a sua maneira. Cada um com a sua alegria e sua dor! A dor individual e a dor de todos!

Alguns dias se passaram, e a certeza e a dúvida quanto à ressurreição de Jesus de Nazaré se digladiavam entre os apóstolos.

Eles estavam ainda com muito medo e escondidos em um casebre de propriedade de um admirador do Mestre. Era uma casa bem pequena. Simples, porém cheia de vida e de afeto!

Era início de noite de uma sexta-feira, e todos os apóstolos estavam reunidos para a ceia. Apenas Tomé não se fazia presente.

De repente, começou a brilhar uma luz intensa do lado da porta, e, quando todos olharam, surgiu uma figura masculina:

— A paz esteja convosco, meus irmãos!

Aquelas palavras saíram da boca de Jesus de Nazaré!

A dúvida estava desfeita! O Mestre estava vivo!

Pedro deu um salto e falou em alto e bom som:

— Tu vives! Então é verdade?

— Sim, eu vivo! Estou na Casa do Pai, onde há muitas...

— Moradas! — falou Bartolomeu! Assim como nos ensinaste!

Jesus sorriu:

— Exatamente, Bartolomeu! Eu disse!

Os apóstolos estavam emocionados! Aquele homem entre eles havia vencido a morte e estava ali para provar e demonstrar que a vida era eterna. O espaço não existia. O tempo não importava!

A alegria, enfim, voltou àquela casa simples, onde apenas o medo e a angústia reinavam. Os apóstolos podiam ver, tocar, abraçar Jesus de Nazaré.

Aquele momento ficaria registrado na memória de cada qual que lá se encontrava. A eternidade fazia-se presente. Jesus explicou-lhes sobre os mandamentos. Falou de toda a dor da passagem. Ordenou que espalhassem a boa nova a todos os povos.

Enfim, fez-se presente na mais absoluta ausência!

Quando Tomé retornou e viu a felicidade de todos os seus irmãos, não pôde acreditar que Jesus de Nazaré estivesse ali naquela casa.

— Não! Não pode ser! Só acredito vendo as cicatrizes dos pregos nas Suas mãos!

E, por um instante, mais uma vez o silêncio se fez brotar no meio deles. A alegria foi esvaziada feito um copo com água!

Os apóstolos entristeceram-se com a incerteza de Tomé! Ele era, sem dúvida, o mais desconfiado daquele grupo. O mais arredio. O mais durão possível.

Só acreditaria vendo!

Os dias passaram-se. E não é que Jesus de Nazaré apareceu de novo entre os apóstolos! E desta vez Tomé estava presente.

Jesus então se manifestou mais uma vez:

— A paz esteja convosco, meus irmãos!

Antes mesmo que os apóstolos pudessem O abraçar, Jesus de Nazaré estendeu os braços na direção de Tomé:

— Vem, Tomé, coloque aqui sua mão! Perceba as marcas dos pregos!

Tomé caiu em prantos e elaborou a mais bela aclamação:

— Meu Senhor e Meu Deus! Meu Senhor e Meu Deus! Meu Senhor e Meu Deus!

E ajoelhou-se à frente do Mestre, que ensinou mais um de seus preceitos:

— Tu acreditaste porque me viste! Felizes são aqueles que creem pelos séculos e séculos, sem nunca terem me visto!

E assim, mais uma vez, Jesus de Nazaré pôde ensinar os seus apóstolos. Eles estavam agora prontos para a nova etapa da divina missão.

Eles não mais estariam à sombra do Mestre!

Eles enfrentariam novos desafios. Novas aventuras. Novos povos teriam a oportunidade de ouvir falar sobre Aquele que venceu a morte. O Filho de Deus vivo encarnado entre nós!

A figura humana e divina mesclando o grande segredo daquela que viria a ser a história mais conhecida do planeta. Jesus de Nazaré!

E, na última aparição do Mestre, um pouco antes da despedida dos apóstolos, João ainda pôde conversar a sós com Jesus de Nazaré. E assim ele O inquiriu:

— Mestre, estava lá no momento da cruz. Vi todo o seu sofrimento e toda a sua angústia. E, ainda assim, tu perdoaste o ladrão que estava a seu lado na hora da crucificação. Por que o fizeste?

Jesus, mansamente, respondeu-lhe:

— Porque senti que ele se arrependera de todos os seus pecados! Ele mesmo se libertou! Apenas mostrei o caminho!

João então contou do encontro que teve com Judas. Relembrou as palavras. Explicou toda a versão do apóstolo que tirara a própria vida. E assim finalizou:

— Ele estava muito arrependido também, Mestre! Ele terá o Seu perdão?

Jesus, por um instante, calou-se. Sua feição modificou-se. A serenidade estava estampada em seu rosto.

— A libertação é dele! Ele quem deve se perdoar primeiro. Eu já o perdoei na mesma hora em que fui preso! Aquela data foi deveras marcante para nós!

João insistiu:

— Ele tem o Seu perdão?

E, por fim, Jesus respondeu:

— Todos têm o meu perdão! Em verdade lhe digo que dependerá de cada um aceitar o seu perdão! E, quando aqui aceitarem o perdão, também na Casa do Pai estareis libertos! A paz esteja contigo, meu irmão!

João emocionou-se nessa hora.

Essas foram as últimas palavras pronunciadas por Jesus de Nazaré àquele apóstolo! Ele não mais seria visto aqui na Terra.

Mas Seus ensinamentos, Suas dores, Seus propósitos de vida seriam relembrados sempre!

João imaginou Judas no Paraíso, arrependido que estava de ter confundido a missão e tirado a própria vida. Ele não teve forças para seguir nesta terra e participar da nova etapa da divina missão.

A divina missão que prosseguiria com todos os apóstolos. Agora, cada qual seguiria o seu caminho. A sua direção. O seu rumo. E eles partiriam em busca do desconhecido e do medo.

Levariam a todos que puderem a mensagem de Jesus de Nazaré. O Mestre a que tanto amaram e admiraram. Aquele que venceu a morte e falou sobre a eternidade!

Aquele que milagres realizou e mandamentos instituiu. Falou do amor, e mais que isso: viveu o amor.

O amor, fonte de todos os sentimentos.

E, assim, pensando no amor vivido por Jesus de Nazaré na história que seria a mais famosa de todos os tempos, João adormeceu.

CAPÍTULO 9

— Acorde, João!

Aquelas palavras parecem soar longe, longe, longe. Até que uma voz masculina mais forte e poderosa brada em seus ouvidos:

— Acorde, João! Vamos, já estamos começando a ficar atrasados!

João dá um salto da cama. A janela de madeira carcomida pelo tempo já se encontra aberta e os raios solares adentram aquele ambiente simples, porém bem limpo e organizado.

Uma escrivaninha cinza está encostada à parede do outro lado da janela. Um computador preto encontra-se sobre ela. Um papel branco de rascunho e uma caneta também fazem parte dessa cena.

João olha assustado para aquele homem à sua frente. Abel é seu nome. Um frei capuchinho com sua veste marrom característica e o cordão branco amarrado à cintura. Cabelos bem cortados, quase raspados. Um rosto fino. Olhos castanhos e bem expressivos. Um sorriso nos lábios, e mais uma frase se ouve:

— Vamos, João! O trabalho árduo de hoje já nos espera. Se demorarmos mais um pouco, perderemos o café. E olhe: talvez essa seja a nossa única refeição deste dia maravilhoso.

Abel estava se referindo à entrega que os dois freis liderariam naquela manhã e tarde do dia 6 de junho de 2020. O sábado amanheceu iluminadíssimo pelo sol de outono no Rio de Janeiro. Eram quase duas mil cestas básicas que estavam arrecadando há dias para oferecer às famílias carentes sofrendo com a perda e suspensão de seus respectivos empregos e afazeres por conta da pandemia vivida.

João também é um frei capuchinho. Estatura mediana. Gordinho simpático e bem falante. Adora ouvir e contar histórias. Cabelos, quase não os tinha. Somente alguns acima de suas orelhas. Um sorriso franco e gentil saltava-lhe sempre aos lábios. Seus olhos são profundos e parecem ler a alma de quem os olhe. Talvez pela cor verde, essa era a parte do corpo preferida daquele homem bom, justo e dedicado às causas sociais, mas também um pouco vaidoso com sua aparência.

De maneira muito rápida, João levanta-se, corre ao banheiro, ajeita-se e, em poucos minutos, junta-se a Abel para tomarem café juntos no refeitório atrás do Santuário Basílica de São Sebastião, localizado na Rua Haddock Lobo, no bairro da Tijuca, área nobre do Rio de Janeiro, antiga capital do Brasil.

Quando enfim o café preto sem açúcar já se encontra naquela xícara alta de cerâmica, João pode falar do sonho que teve há poucos minutos:

— Abel, meu irmão e confidente. Não imagina o que acabei de sonhar!

Abel, muito espirituoso, alegre e divertido, já lançou um olhar de desdém e, como flamenguista, falou:

— Não me diga que sonhou com o Fluminense sendo campeão brasileiro de 2020! Nem vamos ter campeonato este ano!

João respira fundo, sem nem perceber a ironia na fala de seu amigo.

— Sonhei com os apóstolos de Jesus! Eles se encontravam no Monte das Oliveiras logo após a prisão do Nazareno! Estavam com medo. Perdidos. À sombra do Mestre. Sem saber que rumo tomariam a partir daquele episódio. Eles falavam. Oravam. Discutiam entre si.

A feição de Abel muda nessa hora. As palavras ganham vida na boca do Frei João. O sonho era vívido. A história parecia real.

Abel quer saber mais:

— Conte-me, conte-me tudo, meu irmão! Parece uma história real, pela sua energia! As palavras ganham força na sua boca. E eu quero saber.

Enquanto os dois tomam café, agora misturado ao leite, comem pão fresco, feito na hora, e bolos caseiros de mel e laranja, Frei João conta em detalhes o sonho que teve naquela noite.

Foi impactante!

Foram lembranças bem reais. Parecia um filme a que acabou de assistir, e estava contando a seu amigo as suas impressões, suas cenas e seus diálogos.

— Sabe, Abel, há um diálogo que me vem muito à mente agora. É o momento em que Judas Iscariotes chega àquele local onde os apóstolos estavam escondidos. Quando ele chega, os outros apóstolos começam a xingá-lo. Todos. Todos, à exceção de João. Todos o maltratam e o chamam de traidor.

A feição do Frei João entristece-se neste momento. É como se ele sentisse toda a dor e toda a angústia de Judas Iscariotes.

Frei Abel então o interpele:

— Mas você queria o quê? Judas Iscariotes realmente é *o* traidor! — frisa.

Frei João tenta explicar:

— Note, irmão, o que Judas Iscariotes falou a João quando saíram os dois daquele pedaço de chão: ele, Judas, era o que mais acreditava em Jesus de Nazaré. Tanto que ele, Judas, chamou sim os guardas para "prenderem", entre aspas, o Mestre a que tanto amava!

Abel de novo intervém:

— Ora, João, aí há uma contradição terrível: se Judas Iscariotes amava e acreditava em Jesus de Nazaré, por que ele quis prendê-lo então?

João olha fixamente para Abel:

— Ele, Judas, queria que Jesus de Nazaré se rebelasse, e não que fosse preso.

— Ah, não! Não entendi nada agora! Judas chamou os guardas para prenderem Jesus, e não era isso que ele queria? Você está doido? — brada Abel.

João continua tenso e vai tentando explicar o impossível...

Justificar o injustificável...

Defender o indefensável...

Pelo menos é o que parece...

— Judas Iscariotes confundiu a missão de Jesus de Nazaré, quando pensou que, com apenas uma palavra ou um gesto, poderia fazer com que os guardas O deixassem livre. Judas Iscariotes queria um líder revolucionário, capaz de libertar os judeus do jugo malévolo de Roma. Judas queria o fim do poderio do Império Romano sobre a sua terra natal.

João respira fundo e conclui:

— Judas Iscariotes acreditava plenamente em Jesus de Nazaré e achou que, pressionando com uma possível prisão, Ele, Jesus, mostraria todo o Seu poder e não iria para a cela. Pelo contrário: começaria ali a revolução libertadora que tanto Judas queria.

O silêncio por um instante se faz reinar naquele refeitório. João absorvido pelas cenas vivenciadas em sonho; e Abel enfurecido por não acreditar na inocência de Judas. João por lembrar dos diálogos emocionados; e Abel por ter certeza da traição de um homem.

João e Abel estão a falar e a ouvir mais uma daquelas histórias do tempo de Jesus...

João, ainda, fala algo mais doido neste momento:

— Abel, estou pensando aqui. Se Pedro, que negou Jesus de Nazaré, virou papa, será que Judas Iscariotes teria pelo menos a absolvição do Pai Celestial? Será que ao menos seria perdoado por Jesus?

Que maluquice é essa!

Mas, de fato, Jesus de Nazaré ainda em vida aclamou Pedro como o sustentáculo da Sua tese religiosa. "Tu és uma Pedra, Pedro, e sobre esta Pedra edificarei minha Igreja".

Porém, quanto ao outro apóstolo da traição, não há nenhum registro. Por isso a revolta de Judas Iscariotes naquele sonho.

E estas palavras soam fortes: "Jesus traiu-me! Jesus traiu-me! Jesus traiu-me!"

Que loucura!

Abel, então, toma a palavra:

— Olha, João, já estamos em cima da hora. Por que você não escreve um livro e conta tudo, em detalhes, sobre esse seu sonho maluco?

João, assustado, percebe a indignação e a pressa do amigo em encerrar o assunto, e pergunta:

— Acho que você que está doido agora. Imagina se alguém vai querer ler sobre isso?

Abel ironicamente responde:

— Claro. Até eu vou querer saber dessa história em detalhes. Quem sabe você me convence!

— Eu não quero convencer ninguém a nada! Foi só um sonho! Só um sonho! Só um sonho...

Essas últimas frases não saem da cabeça do Frei João. Será que as pessoas se interessariam por mais uma história do tempo de Jesus?

Será que essa história ainda vive na mente dos humanos de hoje?

Será que as histórias de Judas Iscariotes e dos outros apóstolos de Jesus de Nazaré deveriam ter mais uma oportunidade de reflexão? Talvez outra análise pudesse ser incrementada? Ou se realmente fosse só um sonho, por sinal, totalmente descabido?

Ah, esses nossos sonhos!

Às vezes nos deixam assustados. Aterrorizados. Outras vezes nos deixam reflexivos. Pensativos. Duvidosos de sua real abstração!

Ah, esses nossos sonhos!

Mas, apenas como brincadeira e desencargo de consciência, o Frei João ousa perguntar ao Frei Abel:

— Meu irmão, do pouquinho da história que lhe contei hoje, poderia ao menos me sugerir o título do livro, então?

Abel não está acreditando no que ouviu. Que besteira ele foi colocar na cabeça de João. Será possível que aquele simples frei capuchinho está realmente pensando em escrever um livro contando sobre o sonho maluco que teve?

Não, não poderia ser!

Não!

Mas, também por brincadeira e desencargo de consciência, finaliza:

— *À Sombra do Mestre!* Acho que seria legal esse título. Demonstra bem a atitude dos apóstolos de Jesus naquele momento. Você mesmo falou que eles estavam perdidos e sem rumo, porque viviam sempre à Sua sombra. Acho muito bom o título!

À Sombra do Mestre!

À Sombra do Mestre!

À Sombra do Mestre!

Agora eram essas as palavras que não sairiam mais da mente do Frei João. Até que esse livro estivesse publicado e em suas mãos!

À Sombra do Mestre!